武器としての「中国思想」

大場一央
Oba Kazuo

東洋経済新報社

はじめに――今なぜ中国思想か

中国思想と聞いて思い浮かべるのは、孔子《こうし》や老子《ろうし》といった古代の思想家でしょうか。あるいは、「五十歩百歩」や「矛盾」といった故事成語でしょうか。

昔は漢文の授業時間が長く、小説や随筆、新聞などにも中国思想の言葉が使われていましたし、もっと直接的には、経営者向けの中国思想本が人気でしたから、そうした思想家たちの名前や言葉を目にする機会が多くありました。

それよりもずっと以前の江戸時代には、現代と比較にならないほどに大きく影響しており、人々の生活や価値観に浸透して、260年の平和を作っていましたから、中国思想は日本文化と切っても切れない関係にありました。

ただ、江戸時代の後、中国思想はひたすら下降曲線を描いて人気を失っていきます。その原因となったのが明治維新と欧化政策です。明治維新によって徳川幕府が打倒され、欧化政策が推進されると、江戸時代に根づいていた中国思想は、人々の自由を抑圧する「前近代的」なものというレッテル貼りがなされ、近代化のために乗り越えなければならないものとして語られてきました。これに対して、日本の伝統的価値観を信じ、そこに中国思想の影響を見ていた人々が、アジア研究の一分野である「東洋哲学」「中国哲学」として学界に残し、また道徳教育や国語教育の一部に挿入して、なんとか生きながらえてきたのでした。

つまり、明治の時点で既に、中国思想は「過去」になっていたのです。

その後、昭和初期から始まった、日本精神を復興しようとする動きに連動して、国家に対する忠誠や、親に対する孝行を強調する際に、中国思想由来の言葉が多用されたことは、中国思想の復権を期待させましたが、敗戦によってその動きが否定されることによって、中国思想の没落は決定的になりました。

したがって、昭和から平成初期まで残っていた中国思想というのも、現代的な価値観と衝突しそうな要素はできるだけそぎ落とし、故事成語や人生訓のような、当たり障りのない形で扱われてきた、という側面があります。

一方で、近代以来、現代文明の行きづまりや限界が問題になると、幾度となく「東洋の英知」にスポットが当てられ、中国思想に世界が注目することがありました。古くは西洋哲学の議論で仏教が扱われ、ドイツ文化圏を中心として盛んに研究された他、ベトナム戦争（第2次インドシナ戦争、１９６０〜１９７５）に伴って起こった、アメリカを中心とする若者の反乱は、その理論の中に禅や道教を取り込むことで、既存の規範や価値観を相対化していく「ヒッピー文化」を生み出しました。価値相対化の流れは１９８０年代に起こった「ポリティカルコレクトネス」、90年代に高揚した「文化多元主義」にも影響し、現代でも「環境保護」や「ＳＤＧｓ」、「ジェンダーフリー」や「マイノリティーの権利拡充」といった議論に派生して、世界を大きく動かしています。

また、本書でも少し解説していますが、１９６０年代に発生した、日本の高度経済成長以降、80年代にかけて台湾、シンガポール、韓国などで起こった驚異的な経済成長に注目が集まると、アジア圏の急速な経済成長の背景には儒教が存在すると考えられるようになりました。２０１０年代になると、世界の経済力第2位に躍り出た中国では、国家の求心力を高めるために儒教を盛んに称揚するようになります。

経済力をつけた中国は、「一帯一路」をはじめとして、ユーラシア大陸からアフリカ大陸方面へは、東南アジア、中央アジア、中東、東ヨーロッパ、アフリカの諸国に政治的、経済的進出を行い、太平洋方面へは日本、台湾、フィリピンなどと島嶼部を巡る国境問題を起こし、太平洋諸島の諸国に経済的アプローチを続け、「第一列島線」「第二列島線」という海洋勢力圏の確立を狙っています。その膨張的進出は、19世紀半ばのアヘン戦争（1840〜1842）まで「眠れる獅子」と恐れられた「中華帝国」の恐怖を彷彿とさせるものであり、中国が文化的に世界の中心であるという、伝統的な「中華思想」の復活を思い起こさせ、アメリカを中心とした、いわゆる西側諸国から警戒されています。

このように、中国思想は現代でもリアルタイムで影響しているのですが、なぜか日本では前述の通り「過去の話」のまま、ほとんど顧みられていません。

この原因として考えられるのは、欧化政策以降、とにもかくにも西洋文明を摂取することで、日本の独立を守りきることに命がけだった歴史が、いまだに続いているということでしょう。そしてもう1つは、第2次世界大戦の敗北、そしてバブル崩壊によって、日本人が徹底的に打ちのめされ、もはや中国思想のみならず、日本人の価値観そのものに、ほとんど自信を持てなくなったことにあるのではないでしょうか。

ただ、現代日本で問題になっているさまざまな現象に対し、必ずしも海外の潮流が答えを用意している訳ではなく、国論を二分しない「少子高齢化」や「格差拡大」のような問題1つとっても、海外の潮流を探るだけでは、なかなか答えが出ないというのが実際のところのように思われます。

この時、日本はみずから課題を設定し、みずから答えを作らなくてはならない状況にあるのではないでしょうか。そしてその答えは、日本人自身の考える能力、すなわち日本の伝統的価値観によって作られるのであり、その思想には中国思想が大きく関わっています。

本書はそうした日本の伝統的価値観を「思い出す」基礎として、中国思想の流れを解説しています。**本書で扱う中国思想の流れは、「個」の確立と生活を通じた社会変革を軸としています。**これを眺めることで、**中国の歴史と思想の関係が分かると共に、実は中国思想が日本人の価値観や生活の中に、今もなお健在である**ことが理解されるはずです。

そして、このことが理解されると、現在世界を牽引している潮流を相対化し、日本人が日本人の文脈で生き方を考え、「失われた30年」を克服する鍵が、中国思想を含みこんだ日本の伝統的価値観の中にあると思うかもしれません。もしもそのような鍵を見つけ出した人がいて、その人の仕事や生活の中に、中国思想が組み込まれた時、きっとそれは日本人の伝統的な価値観を目覚めさせ、社会を変革するダイナミズム（活力）を提供することでしょう。それはおそらく、世界に対して日本が堂々と自己主張する未来を引き寄せるに違いありません。

また、現代の日本は、さまざまな分野における技術革新を社会に流通させ、人々の生活を豊かにしていく企業の経済活動を軸に動いており、ビジネスの動向が日本国民を大きく動かしています。その点からして、特にビジネスに関わる人々の意識に中国思想がかみあった時、それが日本や世界に与える効果には、計り知れないものがありますから、本書が東洋経済新報社から発行されることには、大きな意味があると考えています。

そうした目的をタイトルに反映し、本書は「武器としての『中国思想』」と銘打ちました。過去の思想を追いながら、我々自身の内にその躍動感のあるダイナミズムを感じ取る経験は、中国思想ならではの楽しみ方です。そうしたことを念頭に置きながら読み進めてもらえれば幸いです。

武器としての「中国思想」 目次

第3章
なぜ官僚は叩かれるのか――中華帝国と官僚 71

第6章

なぜ人間性と能力は比例するのか――朱子学とは何か

第7章 なぜ未来は明るいのか――陽明学とは何か 183

第1章

なぜ「無敵の人」が増えるのか――春秋戦国時代と諸子百家

「無敵の人」という言葉が生まれたのは、２００８年頃だと言われています。これは、経済的に困窮し、人間関係も希薄になった人が、犯罪行為を起こして刑務所に入れられたとしても何も失う心配がないことから、平気で凶悪犯罪に走ってしまうという意味で使われました。２００８年と言えば、ちょうど第一次安倍内閣を継いだ福田内閣がほぼ１年で終わり、それを継いだ麻生内閣もまた短命政権となった時期になります。そして、この年にはいわゆる「リーマンショック」と呼ばれるアメリカ発の株価大暴落が２００８年９月15日に発生し、日本もそのあおりを受けて大幅な景気後退が始まりました。

こうした政治、経済共に不安定な時期に「無敵の人」と呼ばれる人が現れたことは、人生と政治経済とが深く結びついていることを示しています。リーマンショック後の株価低迷は、５年後のいわゆる「アベノミクス」によって急速に回復（２０１２年12月〜）しますが、国民生活や景気そのものは、それに比例して上昇に転じたとは言い難い状況にあり、この問題はまだまだ続く気配を見せていますから、「無敵の人」はこれからも現れるでしょう。

ところで、この問題は現代特有のものではありません。中国では現代に至るまでこの問題に苦しんでおり、さまざまな原因究明や解決法が編み出されてきました。そこには現代に通じるものがたくさんあるように思われます。そこで、まずは春秋戦国時代を眺めながらこの問題について少し考えてみましょう。

1 自由競争の誕生――覇道と功利

斉の興亡

古代中国はどこまでも続く大陸ということもあって、人々は防壁でぐるりと囲まれた「邑《ゆう》」と呼ばれる集落を各地に作っていました。この邑は共通の祖先を持つ氏族ごとに作られ、集落内が祭祀を通じて堅く結びついていることも特徴の1つです。こうした邑が無数に広がる中、それらをまとめあげる有力者が出現し、邑の集合体である国家が誕生します。この国家のトップに君臨したのが「王」でした。「周」という王朝が誕生すると、王は国家の中央部を直接統治する一方、自分の一族や功績のあった家臣たちに地方の邑を分け与えて小さな国を作らせ、彼らに地方統治を任せました。こうして誕生した地方領主を「諸侯」と言います。諸侯もまた、親族や家臣に邑を分け与えて統治させました。このように、国家の中に小さな国が存在し、網の目状に広がってきめこまやかな統治を行うシステムを「封建制」と言います。

これは内政では地方に根ざした統治が行われる利点があるものの、権力が分散しているために、異民族との抗争などでは上手く力を発揮できません。また、諸侯同士の争いが発生した場合には、調停する必要もあります。したがって、王は諸侯の利害を調整し、異民族との戦いでは諸侯をまとめて軍勢を率いたのですが、やがて規範がゆるみ始め、利害調整が上手くいかなくなると、諸侯は王を無視して独自に行動するようになります。こうして始まったのが「春秋戦国時代」（前770～前221）と呼ばれる戦乱の時代でした。

この時代には、多くの諸侯が覇を競います。力のない王に代わって諸侯をまとめあげ、中国を動かす諸侯は「覇者」と呼ばれました。中でも中国の東方に存在した「斉《せい》」という国は、春秋時代（前770～前403）になると経済的な成功を収めて国を豊かにし、軍事力を整えて多くの諸侯を従え、王の権威を後ろ盾にして異民族との戦いにも勝利しました。その功績は「尊王攘夷《そんのうじょうい》」という言葉で表現されました。

戦国時代（前403～前221）になると大臣であった田《でん》氏が主君の座を奪って斉王を名乗り、みずから中国の主となるべく、天下統一に乗り出します。斉は戦乱を終わらせて新時代を作るための思想を求め、都である臨淄《りんし》の西門、「稷門《しょくもん》」に学園地区を作り、各地から学者を招いて研究や教育をさせました。ここに集まった多くの学者は「諸子百家」、その議論は「百家争鳴《ひゃっかそうめい》」と形容され、後に「稷下の学《しょくか》」として理想化された程の大事業です。そうした事業は何故行われたのでしょうか。力による支配だけでは人々の反感を買うばかりで、いずれ力を失ってしまうことは現代も古代も同じです。現代でもみんなが「民主主義」と「資本主義」でなければ豊かな生活は送れないと思い、そのためには「自由」が最も価値あるものだと思うからこそ、世界はアメリカを中心とする世界秩序に進んで従っています。周王朝が崩壊した今、そういう世界観やルールによって、人々が心から従うような正当性が、天下統一に必要だった訳です。

ところがその後、斉は西方に覇を唱えた秦《しん》に亡ぼされてしまうこととなります。秦は王の専制権力を背景に国をまとめあげ、厳格な法を定めて徹底した能力主義を採用し、精強な軍隊を整備することに成功していました。また秦は、「法家」という思想を掲げて拡大を続けていたのでした。数百年にわたってトップをひた走ってきた斉は何故負けてしまったのでしょうか。もう少し掘り下げて見ていきましょう。

管仲と晏嬰

斉は管仲《かんちゅう》（?~前645）という人物が宰相に就任することで、強国として抜きん出ていくこととなります。管仲はもともと主力産業であった製塩事業に力を入れることで、経済力を確保しました。また、漁業や鉱業開発も並行して行い、この当時としては大規模な工業化を推し進めます。さらに農地改革によって土地の均等配分をやめて耕作を奨励しました。この結果、国内産業の活性化に伴って国民所得は上昇し、商業が盛んとなって消費が活発になります。臨淄には近隣から多くの人やモノが流れ込み、文化が成長してさらに多種多様なモノの需要を生み出しました。結果、臨淄は巨大都市に成長し、そこに入った人は雑踏にもまれて肩がふれあい、出る頃には衣服がすりきれたと形容されていました。

人やモノが動けば、徴収できる税は自動的に膨れ上がります。こうして身につけた経済力によって斉は軍事力を増強し、各国の紛争や異民族の侵入に介入することを名目として軍隊を派遣します。そして、調停や懲罰を理由として土地を割譲させ、内政に介入して斉に有利な外交関係を作り上げていったのです。そうしてついに、斉は周王の代行者として諸侯を一堂に集め、約束の取り決めや異民族討伐の指揮をとるまでになります。現代で言えば国際会議を開いたようなものですが、これを当時は「会盟《かいめい》」と言いました。これにより管仲の主君である桓公《かんこう》（?～前685）は「覇者」となり、多国間同盟の盟主として君臨することとなります。

管仲の次に登場するのが晏嬰《あんえい》（?～前500）です。斉は巨大な経済力と巧みな外交によって大国となりましたが、それに伴って肥大化した利権を巡り、斉の首脳部では権力争いが激しくなっていきました。そんな中で宰相となった晏嬰は、みずからは進んで利権争いに加わらず、また黙々と業務をこなし続け、孤高の位置を保ちました。晏嬰は1枚の高級服を30年も着続けたと言われる程に倹約家であり、その私欲のなさも「バブリー」な斉では異様に映ったようです。そのかわり、主君には憚ることなく直言し、たとえ怒鳴られようが剣を抜いて脅されようが、微動だにせず諫め続けました。黙々と仕事をこなして余計なことを言わず、言うべき時には主君であろうが正論を吐いて譲らない。おまけに率先して金遣いがきっちりしている。こういう人はいつの世の中でも畏敬されますが、晏嬰は正にそのやり方で全方位に暗黙の牽制をしかけました。晏嬰のような私欲のなさは多くの人から支持を得ており、大臣たちでも容易に手出しできません。

台風の目のような立場にいた晏嬰は、それを利用して有能な人材を次々に主君に推薦し、斉の刷新を図ります。普通なら自派閥の形成かと警戒されるのですが、晏嬰ならその心配がないという訳です。また晏嬰は、外交においても諸国に出向いて堂々と正論を吐きました。諸侯は利益をちらつかせた駆け引きが利かない晏嬰に困り果て、斉は外交関係でも勝利します。晏嬰の登場によって、規範がゆるんで著しいモラル低下が起こっていた斉は粛正され、大国として君臨し続けたのでした。

功利という怪物

農業力のない国が自前の資源を利用して商工業を発展させ、外交力を駆使して世界に君臨する。何かイギリスを彷彿とさせるようなストーリーですが、実際のところ斉は貴族制でありながら人材抜擢を進んで行い、また当時煩瑣《はんさ》だった礼法を簡素化した国でした。管仲は国民生活の欲求を上手く汲みとり、国民がそれぞれ頑張って生産して競争することで、どんどん利益が生み出されるような政策を提案することが上手かったため、斉の政治的な成功は国民の利益に直結しました。また、成績の良い者は出世することができたので、身分の変動も起こって活気づきます。そのため管仲が主君に匹敵するような豪勢な暮らしを送っても、誰も文句を言わなかったと言われています。そうした豊かさから多くの新機軸が斉から生み出されましたから、当時の人々からすると、きっと斉は生き生きとして洗練された国に映ったことでしょう。

諸国もまた経済発展を求めて利益追求に邁進します。経済的利益が重要視されると末端に至るまで利益や効率を追求するようになり、後にこの時代は誰もが利について話していると言われるまでになりました。こうした価値観を「功利」と言います。そして、能力のある人物が既存の身分秩序や伝統にとらわれず、経済力と軍事力によって国をまとめあげるやり方は、後世「覇道」と呼ばれることとなりました。

しかし、**功利がいきすぎると個人的な利益追求が強まり、果てしない欲求を満たすために人々は争う**ようになります。**健全な自由競争は影を潜め、なりふりかまわない利益の奪い合いが始まり、やがて克服不能なまでに広がった格差と弱肉強食の社会が生まれました。**

斉では田氏という一族が、国から給付する資産は多く、国民から徴収する税金を少なくして輿論《よろん》の人気取りに走りました。いわゆるバラマキです。そうしてライバルたちを追い落とし、晏嬰の没後百年になって、ついにその子孫が主君を追放して君主となってしまいます。このことは田氏に限らず、斉という国を覆っていた功利と覇道の風潮が予定していた未来だったとも言えます。

とはいえ、斉はモラルを全く無視した訳ではありません。管仲は人々の利益追求を支援する一方で、法令や規範作りにも力を注ぎました。晏嬰が身を以て職業倫理を実践したのも事実です。しかし、そもそも利益さえ挙がれば何をしても良いし、結果を出した者が出世することを国是として、功利による自由競争を国自身が奨励したのですから、主君ですら能力が見合わなければ君主の座を追われるのは当然な訳で、モラルは所詮、刺身のつまに過ぎません。田氏が君主となって以降の斉は、功利を克服して新たな世界観にもとづくルールを作るべく、全国から学者を招いて学園都市「稷門」を作ります。しかしながら、斉はみずから生み出した功利という怪物を克服することはできず、天下統一を果たせませんでした。では新たな世界観やルールはその後どのように考えられたのか、続いて諸子百家と呼ばれる思想家の議論を見ていきましょう。

2　排除された人々——老荘思想と墨家思想

「無敵の人」の行方

春秋時代から戦国時代に移ると、能力のある者が出世することで、身分制社会が本格的に動揺します。世襲制から能力主義になるにつれ、人事を司る君主権力が強まりました。政府だけではありません。身分の流動化は戦乱とあいまって人の移動を促し、邑ごとにまとまって勢力を維持していた氏族社会もまた崩れ始めていきました。いわゆる地域共同体の崩壊です。親兄弟ですら利益を巡って争う時代になったのですから、地域や親族を信ずることもままならず、みな1人で生きていかざるを得なくなっていきました。**克服不能な格差は、生まれた時から食うこともままならず、まして満足な教育を受けることもできないのですから、そこで競争に放り込まれた人は絶望するか、どんなことをしても生き残るかするより他ありません。**こうしてこの時代には戦乱だけでなく、**治安やモラルが著しく悪化**します。**「無敵の人」があちこちに現れた**のです。

そんな中でも才覚のある人々は、「食客《しょっかく》」として身を立てることができました。食客とは正規の仕官ではなく、能力を買われて個人的な主従関係を結び、普段は雇い主が用意した宿舎に3食付きで住み込んでだらだら過ごすものの、呼び出されれば依頼をこなすという身分のことを言います。要するにフリーランスです。彼らはその功績や名声に応じて宿舎に等級が設けられ、上級にもなれば誰もがうらやむ豪勢な生活を送ることができました。この食客たちを活用することで、雇い主たちは国家に匹敵する人材を確保し、実際に国から独立した動きをすることができたのでした。高校漢文でおなじみの「鶏鳴狗盗《けいめいくとう》」は、斉の孟嘗君《もうしょうくん》（?～前279）という王族につらなる貴族が絶体絶命に陥った際、食客の中に犬のようにすばしこい泥棒や、鶏のものまねが上手な芸人がいたおかげで窮地を脱した話です。一見、人材の大切さを説く良い話のように見えますが、後にかつての孟嘗君の領地を訪れた人は、食客がいただけあって、非常に治安が悪く粗暴な人が多かったと述べています。これは食客に反社会的なアウトローが多かったことを表しています。つまり、**能力があれば食客、なければ「無敵の人」になった**という話で、結局は**国が完全雇用を保障しない中での喰《く》い合い**だったことが分かるのです。そんな中、こうした**世の中そのものから逃避しようとする思想**が現れました。いわゆる**老荘思想**です。

肥大した自我と老荘思想

老荘思想は老子（老聃《ろうたん》、生没年未詳）、荘子（荘周《そうしゅう》、生没年未詳）という思想家によって成立したと言われています。しかし現代の研究では老子の存在は疑われており、荘子も詳しい事績はよく分かっていません。ともあれ、ここではひとまず古来の通説にしたがっておきます。老子は春秋時代に宮廷図書の管理人をしており、その後は西に向かって旅に出て行方をくらませた隠者でした。荘子は戦国時代の中頃、宋《そう》という国の農場に勤めた役人で、生涯出世を拒んで自由に暮らしたと言われています。

老子は、この世界には全ての存在に先立って、それらを成立させているものが存在していると考え、それを「道《みち》」と名づけました。道は見たり聞いたりすることはできず、人間には感知することが不可能だとされています。科学の発達した現代ですら気象や天災、パンデミックや紛争といった、人間の常識では不可解な現象が沢山あります。そこで現代人は、まだ人間の知らない法則が存在するのではないかと考えて研究するのですが、老子はそれを人間には把握不能だが確かに存在し、最終的に世界を調和させているものとして道と名づけました。つまり、人間は世界の一部に過ぎず、世界が変動しながら調和していく流れの1コマとして、社会の繁栄や衰退、人間の幸不幸も起こっているという考え方です。したがって、天災で死ぬこともあれば病で苦しむこともありますが、それは他の動植物となんら変わりはないのです。

しかし、道が世界を調和させているのだとすれば、春秋戦国時代が都合500年も続いたように、何故戦乱や貧困などの不幸がいつまでたっても終わらないのでしょうか。老子は人間が己の分をわきまえず、「作為」するからだと言います。作為とは、人間の頭で問題を設定し、その解決法を編み出すことを指します。たとえば人間が多く集まった際に行うルール作り、生活の質を上げるための発明品や改良品の作成、橋を架けたりビルを建てたりするインフラ整備などが挙げられます。当時で言えば制度や法律、調度品や機材、あるいは都市や兵器などが作為にあたります。老子は人間が作り上げてきた文明こそ、道の調和を乱して戦乱や貧困を生んだのだと言ったのです。

確かに、そもそも社会が複雑化せず、それに比例して経済も拡大しなければ、人間にはほとんど格差は生まれません。また、社会が小さくて人口が少なく、稚拙な道具しかなければ大した兵器も作れないので、大きな戦争になりようもありません。そうして人間が原始的で素朴な生活を送ることは、余計なことをせずに太古から変わらない生活を送ることで、道の調和を邪魔しないことになるので、道にそった生き方と言えるでしょう。老子はそうした生き方を「無為自然」と言います。無為自然で格差や戦乱から免れると言われれば、既に競争に疲れ切った人々は、頑張らない方が幸せになれるという希望を見出すことができます。そして、そうした生き方をするためには、出世や贅沢を望まず無欲であることが必要とされました。無欲な人々が小さなコミュニティーで満足して暮らす国こそ、誰にも狙われずまた争いもない平和な国になるという訳です。これを「小国寡民《しょうこくかみん》」と言います。また、個人の処世術としても、無為自然でいれば無害なので人々から脅威に映らずかえって出世し、己を出さないリーダーの方が、部下たちに居場所を与えて組織を活性化させると説いていることから、功利の裏をかいて成果を狙っていこうとする積極性も見て取れます。

現実社会での成功にも目くばせした老子に異なり、さらに現実逃避の方面を徹底したのが荘子です。荘子は人間の頭で認識できるものは、全て無意味で虚妄だとしました。何故ならば、それは自我の強い思い込みに他ならず、たいていの場合、立場や見方が変わればどうでもよかったりする。なのに、その思い込みに固執するせいで、対立や不幸が生まれてくると考えたからです。こうして荘子は「万物斉同《ばんぶつせいどう》」という思想を説きました。これは、全ての存在がそれぞれ限定されたものに過ぎず、それ故全て平等に無価値であり価値を持つという考え方です。人も動物も植物も、石ころや空気でさえ、それぞれ世界の一部に過ぎませんが、それぞれがなければ世界は成り立ちません。人間は存在していれば十分で、特別な意味を考える自我など必要ないのです。一方で、そうした相対的な立場を超越して、全てを俯瞰し調和させる存在があるとした荘子は、それを「道枢」とか「天」と呼びました。したがって、天の立場から俯瞰して見る意識を常に持ち続け、欲望や悩み、自分自身ですらどうでもよくなるよう相対化し続ければ、ついには自我から解放されて無欲となり、悠々と生きる境地が身につくと言います。

ですが、**そこまで無欲や自我の解放にこだわるということは、裏返せばそれだけ自我が強く、忘れられない挫折感にいつまでも執着しているとも言えます**。その証拠として、老荘思想の中からは、楊子《ようし》（楊朱《ようしゅ》、生没年未詳）という思想家も現れます。彼は荘子とほぼ同時代の思想家ですが、**人間は生命を全うすることだけが大事であり、そのためには自分のことだけ考えて、感覚的な欲望を満たす必要がある**と説きました。これを「為我《いが》」、**すなわち自分のためだけに生きる**と言います。この個人主義は徹底しており、**楊子はたとえすねの毛一本でも他者のためには与えなかった**と評されました。いずれにせよ**老荘思想は、無欲を目指そうが貪欲にふけろうが、功利に慣れきって執着心の強くなった自我をもてあまし、社会や人間を冷やかしたり境界線を引いたりすることで、自尊心を守ろうとした思想でした**。

新興宗教の流行と墨家思想

老荘思想に先立って、春秋時代にはもう1つの大きな学派が生まれました。それが墨家《ぼくか》思想《しそう》です。墨家は春秋時代の末期から戦国時代の初頭、墨子《ぼくし》（墨翟《ぼくてき》、生没年未詳）という人物によって創始されました。彼は職人出身だったようで、墨という姓は罪を犯したことによる墨刑（入れ墨刑）から来ていると言われます。墨子は戦乱や貧困が起こるのは、人々が自分のことばかり考えて利益を独占し、他者のことを考えないからだとしました。そこで、人々がお互いに自分を愛する心で他者を愛するよう心がければ、完全に平等で平和な社会になると説きました。これを「兼愛《けんあい》」と言います。この思想が強まると、さらに家族愛や郷土愛などを、兼愛をさまたげる差別の温床として攻撃するようになります。また墨子は兼愛にもとづき、侵略戦争を全否定する「非攻《ひこう》」や、身分制度の否定、家族意識を育ててしまう祖先祭祀の縮小、消費生活からの脱却などを説きました。

墨家を信奉する人々は各地で集団生活を営むのですが、そうした集団は墨子の死後に「鉅子《きょし》」と呼ばれるリーダーによって指導され、独自のルールで生活を行い、社会変革運動を行っていました。代表的な活動としては、戦争が起こっている場所に実際に出向き、防禦《ぼうぎょ》側を支援する行動が挙げられます。墨家集団には職人が多くいました。彼らは巧みな技で兵器を開発し、また土木技術を駆使した防衛戦闘術に秀でており、侵略戦争の無意味さを実力行使で主張したと言われています。

また墨家は天や鬼神（神のようなもの）といった、当時信仰されていた超越的な存在を持ち出し、兼愛を実行すればそうした存在が幸福を与えると説いて、伝統的な祖先祭祀を牽制し、極めて質素な生活を送ることで、神に直接仕えるような信仰心を育てました。そうした新興宗教的な集団が各地で信者を増やしていくことは、国家や社会そのものが崩壊することを意味しますから、墨家以外の人々はある種の気味悪さをもって彼らを見ていました。とはいえ、戦乱や格差によって既に孤立していた人々、貧困に苦しんでいた人々にとって、擬似的な共同体を作っている墨家は救いでしたから、その勢いは秦の始皇帝（前259〜前210）による天下統一（前221）まで、弱まることがありませんでした。中国で本格的な宗教が誕生するのはずっと後のことになりますが、ここには貧困や弱者の増加に比例して新興宗教が流行するパターンが明らかに存在しています。

このように、**老荘思想と墨家思想はいずれも功利によって動いていた社会から脱落し、絶望していた人々から生まれた**ものであり、それはすなわち、**競争や利益追求に成功した人々が功利を尊ぶことと裏表の関係**で、両者があいまって当時の中国を作っていたのです。**格差と競争が激しい社会ほど、逃避的・享楽的な個人主義者や急進的な愛を説く宗教が流行る。**なにやらアメリカ社会を見ているようですが、これはどのように終息するのでしょうか。

3 ディストピアの作り方——始皇帝の天下統一と法家思想

荀子の性善説と誘導

功利的な世界に苦しみ、逃れようとする人々がいる一方で、それを征服してコントロールしようとする人々も生まれてきました。戦国時代も末期になる頃、大規模な理論化を行ったのが荀子《じゅんし》（荀卿《じゅんけい》、生没年未詳）です。荀子は五十歳で斉に遊学して稷門の祭主（学長）となり、上級貴族に列しました。後に讒言《ざんげん》を受けて楚《そ》という南方の国に逃れ、最後は県令（知事）として公的な経歴を終えますが、そうした経験も活かし、彼は優れた政治学を生み出します。

荀子はまず、人間は生まれつき果てしない欲望を持っており、そこからあらゆる悪事を行う存在であるとします。いわゆる「性悪説」です。欲望が生まれつきだとすると、これを絶滅することは不可能ですから、大事なことは悪を防止することになります。悪を防止するためには、人間の道徳心に訴えるのではなく、人間の欲望に訴える方が効果的です。

このために荀子は「礼」を厳格にし、礼を守る者には褒美を、守らない者には罰を与えることで、礼に従順であることが得になると社会的に教育する必要を説きます。ここで言う礼は、社会的地位や立場に応じて決められた規範から発展して、国の機関や役職が何のために存在するのか、何をすべきなのかを明らかにしたものであり、国家の制度や役人の規則を指すものでした。またそれを明文化すると広く国民を拘束する法律や政令にもなりました。このように、古代から何人もの王が試行錯誤して作り上げた規範、制度、法律、政令こそが礼なのです。

礼はいわばプログラミング済みのソフトのようなものなので、礼で決められた言動を行えば、決められた結果が生まれてきます。たとえば近代社会では、学校教育で決められたカリキュラムを国民に履修させ、技術習得に必要な基礎学力を習得させます。そして、大学等で専門教育を施した後、企業に就職させて業務に就かせます。企業にはそれぞれ業務マニュアルや組織統制が完備されており、それにそった行動をとっていれば、基本的な収益構造が発生して経済が回り始めます。こうした社会は、いつでも誰でも代わりがきくように設計されていますから、個人の価値は極限までゼロに等しいものとなります。学校教育の機械化とか企業経営の硬直化などは、そもそも近代社会のシステムがそうさせているのです。

これと同様に、**荀子は礼をそうしたシステムだと考え、政治、経済、教育全般をシステム化して人々の欲望を誘導し、コントロールすることで、社会を豊かにできると考えていました。**ここで努力すべきは、経営と同じようにたえず変動する状況に応じて、最も効率的な成果を生み出すシステム（礼）を開発し続けることです。したがって荀子はそうしたデスクワークに強い人間を能力主義で抜擢し、王の手足とすることで王の独裁権を強化しました。

これを正当化するために荀子は、歴代の王が偉大だったのは、常に現在進行形で礼の改変を行ったからであって、古の名君の前例よりも現在の王の決断こそ尊ばれるべきだと言いました。これを「後王思想《こうおうしそう》」と言います。これは前例を持ち出して改革に抵抗する重臣や貴族を黙らせるための理論武装です。同様に荀子は、天が政治の善し悪しに応じて災害を下すとした「天譴説《てんけんせつ》」を否定します。これによって、超越的な権威を後ろ盾に権力批判をすることが封じられ、君主独裁が強化されるのです。

こうした**荀子の思想は、国家による精神的、物質的な統制を強める反面、礼にもとづく**

公正な利益配分を実行することで、社会を安定させる道筋を開いたのでした。

韓非子の法律と束縛

荀子の弟子であり、法家思想を完成させたのが韓非子《かんぴし》（韓非《かんぴ》、？〜前233）です。荀子は性悪説を唱えながらも、政治はあくまでシステムによる誘導であり、個々人の欲望を原動力とした努力によって、社会を成長させようとしました。そうした意味で荀子は人間の社会的能力に期待しています。これと異なり**韓非子の性悪説は、人間は常に自己の利益を追求するかたわら他者を妬《ねた》み嫉《そね》み、隙あらば寝首をかこうとする救いようのない反社会的存在**だというものでした。これは当事者ですら無意識なことで、本人は心からの気遣いで動いていると思っても、その根底にはそうすることで嫌われたくない、あるいは特別な信頼を得たいといった、いやらしい動機が潜んでいるとしました。そういう人間が作る社会は、基本的に欲得ずくでできていますから、ひとたび心を許そうものなら必ず後で痛い目に遭います。

そうした社会を安定させるためには、人間性を徹底的に排除し、完全なコントロール下に置かなくてはなりません。そのために必要なのが「法」「術」「勢」の3つとなります。

これは君主が備えておくべきもので、「法」は制度、政令、刑法、「術」は人間操縦術、「勢」は権威、権勢です。つまり、君主は厳密に定められた法によって臣下をロボットのように動かさなければ、人間は常に間違った判断と感情で動くため、必ず社会が不合理なルールや例外まみれとなって停滞します。しかし、厳密な法を制定しようとしても、臣下はたえず君主の顔色をうかがい、ひそかに君主を動かそうと画策してくるので、君主は決して臣下に感情を見せず、その言動を腹の内でじっと審査し、奇襲的に賞罰を下して恐怖させる術を持たなくてはなりません。そして、臣下がそもそも野心を懐《いだ》かないように、幾層にも階級分けされた地位や、絢爛豪華な邸宅、衣服、調度品などによって権威を整えることで、金銭や地位、名誉に執着する臣下を精神的に屈服させ続ける必要があるのです。

こうなると、君主ですらその個性を出すことは難しくなりますが、これは世襲君主の弱点である凡庸な主君や暗君の出現に備えたものなので、そもそも君主すら法のコントロール下に置こうとしていたのでした。

この思想が実践されると、誰でも例外なく与えられた地位と職責、それに伴う業務命令に従う必要があります。ここでは名目と成果が一致していることだけが認められるのであって、業務の不達成はもとより業務外の成果を挙げることも罰則の対象となります。言われたことだけをさせ、信賞必罰を徹底する。これを「形名参同《けいめいさんどう》」と言います。**全てがマニュアル化された世界で、客観的に定められたシステムに合致した者だけが評価される世界こそ、完全雇用と信賞必罰、法の下の平等が純粋に実現する**という訳です。こうなるともはや君主独裁の域を超えて、法の専制と言うべきでしょう。この思想にはどこかしら、人民の解放を唱えながら民主集中制と称してイデオロギーによる専制を行い、威圧的な超巨大建造物でたえず権威を誇示する、ロシアや中国の共産主義的臭いを嗅ぎ取ってしまいます。

ぱっと見では、**人間不信と社会不信をこじらせて被害妄想にとりつかれた人間のユートピア、「無敵の人」による屈折した現実主義**のようにも見えますが、これが最終的に戦国時代を終わらせて天下統一を実現する思想になります。それはつまり、この時代の人々がおしなべて追い詰められていたのであり、**功利が極限まで盛んとなった世界の行き着く先が、こうした専制体制であることは、今日の我々にも決して無関係な歴史ではありません。**

始皇帝が統一したもの

実は、韓非子の思想はオリジナルなものではありません。それより以前、春秋時代の鄭《てい》という国には、礼を成文化して法の原型を作った子産《しさん》（公孫僑《こうそんきょう》、？〜前522）という政治家がおり、戦国時代の初期になると法を活用した李悝《りかい》（李克《りこく》、生没年未詳）が魏《ぎ》、中期にさしかかる頃になると術を開発した申不害《しんふがい》（？〜前337）が韓《かん》という国に登場し、混乱する国家をまとめあげていました。彼らはいずれも政治家であり、実務を通じて思想を育んだ人々です。また、趙《ちょう》の国からは勢を説いた慎到《しんとう》（生没年未詳）という思想家が出ています。面白いことに慎到は老荘思想に分類されており、また韓非子の術は老子の「無為自然」を応用したものだと言われていますから、老荘思想は法家思想の母胎ということになります。そして、韓非子の生きた戦国時代末期になると、墨家思想も強力な中央集権制によって兼愛を実現すべきだと説き、秦の始皇帝に接近することとなりました。そうした状況の下、荀子の性悪説を根拠として、彼らの政治術を理論的にまとめあげたのが韓非子ということになりますから、**韓非子はいわば全国規模で存在した功利に対する抵抗を集大成した思想家**だったと言えるのです。

韓非子はもともと韓の公子でしたが、生来の吃音なども災いして手腕をふるうことができませんでした。そのため、著作によって思想を表現したところ、それが秦の始皇帝の目にとまって招かれます。韓非子とは同じ荀子門下でありながら、その才能に嫉妬した秦の宰相李斯《りし》（?～前208）は、韓非子を陥れて服毒自殺に追い込みます。しかしながら、**韓非子の思想は始皇帝の利用するところとなり、秦は約500年に及ぶ春秋戦国時代の戦乱に幕を閉じて、天下統一を果たす**こととなるのです。

秦は法家思想と相性の良い国でした。中央から遠く離れた中国西方にあった秦は、次第に東へと勢力を伸ばし、ついには関中平原に都を移します。ここは大変肥沃な土壌が広っており、農業生産力が群を抜いた土地です。そこで秦は農業に力を入れ、また製鉄などの工業力強化に努めました。辺境で遊牧民族とも交流のあった秦は中央の煩瑣な礼法や家族制度からも自由であり、戦国時代になって李悝の法思想を受け継いだ商鞅《しょうおう》（?～前338）が宰相となると、大規模な政治改革を行いました。

商鞅はまず、地域共同体であった邑を解体・統合して「県」という行政単位に再編し、王の任命した官僚が出向いて直接支配するようにしました。そして戸籍を作成して人口を把握し、5戸を1組にしたグループに分けてそれぞれに監視させ、法に違反した場合は密告しないとグループの全家庭を連帯責任で処罰します。さらに、農地の区画整理を行って各戸を配置し、男性は農業、女性は家庭内工業に従事させ、商業に従事する者は奴隷としました。商業は国家が専売制で管理します。また、60歳までの全男性には兵役が課され、軍事訓練を施して予備役体制を充実させ、いつでも動員をかけるようにしました。その一方で商鞅は貴族の特権を廃止し、軍功のあった者に爵位を与え、血統による身分制を破壊しようとしました。つまり、全国民から地域性や血統などの個性を剝奪し、専制支配の下で完全平等となるように国を作り替えたのです。この改革を「商鞅変法」と言います。

その後も秦は改革を推し進め、その様子は「富国強兵」と称されました。始皇帝の時代になると韓非子の思想が採用されて富国強兵をさらに徹底します。そして、豊かな農業生産と増え続ける人口、製鉄業の振興で大量生産された武器で編制された大軍団を投入し、ついに中国全土を征服するのでした。始皇帝は天下統一後、各地の王や貴族の身分を剝奪して全土に専制的な支配を敷き、各地を県に再編して官僚を派遣します。また度量衡や通貨を統一し、通信網や高速道路、造船所にドック、大運河や「万里の長城」などの大規模建築を実施します。都には征服した国から奪った宝物が集積され、空中回廊で高層建築が接続された大宮殿「阿房宮《あぼうきゅう》」を建造します。今も残る始皇帝陵と兵馬俑坑《へいばようこう》は、秦帝国を地下に再現し、死後も支配者として君臨しようとした遺物です。始皇帝は中国史上はじめて「皇帝」を名乗りますが、これは宇宙を支配する者の称号として発明されました。

実に気宇壮大であり、歴史として後世から見る分にはロマンがありますが、果たしてその統治下にいる人々にとってはどうだったのでしょうか。**みずから欲望を調整し、社会を調和する資質があることを否定され、労役を課せられるだけの人間から見て、秦という帝国の風景は正にディストピア（暗黒世界）だったのではないか**と想像してしまいます。始皇帝の天下統一は、実に人間をモノとして統一する事業でした。これは、功利という思想以前の価値観に屈服した人間が、自分の存在価値に見切りをつけた瞬間だったのです。

【この章のまとめ】

◎功利は思想以前の価値観として、人間社会を魅惑し支配する。
◎功利が盛んな社会には、極端な個人主義、新興宗教的な集団が裏表で出現する。
◎功利の行き着く先は、専制による人間否定の社会となる。

第2章

なぜ昭和は景気が良かったのか――儒教の登場

前章では、功利が社会を大きく発展させ、やがて衰亡へと導いていった様子について見ていきました。その間、たえまない利益追求によって社会が闘争状態に突入し、絶望し疲れ切った人々が増えていく中で、これを救済しようと老荘思想や墨家思想が登場しましたが、結局は社会の流れを変えることができませんでした。やがて法家思想が登場し、法による完全なコントロールによって戦乱を終息させることとなったのは、前章で見てきた通りです。戦乱が終息したとはいえ、それは人間が自律的に社会を作ることをあきらめ、徹底的に人間性を抑圧、排除した上での平和ですから、これが本当に良かったと言えるのか、ある意味では人間の自己否定で終わったと言うべきではないのか、そんな消化不良な結末となったのです。

さて、功利が思想以前の価値観として人間を動かしていた時代より前、社会にはこれといった思想はなかったのでしょうか。時代をさかのぼってみると、周王朝の時代には「礼《れい》」が作り上げられていました。礼については荀子で少し解説しましたが、荀子は礼が人間の欲望を誘導して自発的に社会を成長させるためのシステムだと考え、その弟子であった韓非子は、人間の思考を一切許さず、微に入り細にわたって管理する法へと改造しました。そうすると、そもそも礼には社会を安定させる力が内在し、そこには思想があったはずです。そうした思想を受け継ぎ、社会を安定させようとする学派が存在しました。それこそが孔子、孟子と続く儒家思想でした。彼らは、功利から法家思想へと至る歴史以外の、もう1つの未来を提案していました。これから我々は、このもう1つの可能性について見ていきたいと思います。

1　棲み分けの快適さ——「礼」の文明と孔子

「礼」は社会の最大公約数

礼はもともと、祭祀から生まれたと言われています。中国では天地をまつる祭祀と、祖先をまつる祭祀が時代と共に発達していきました。目に見えない存在として特に信仰されたのは天ですが、中国の場合、天が人格を持った神なのか、世界を司る法則なのか、あいまいに考えられたようです。古代中国人は、生け贄を捧げたり占いによって天の意思を確認したりする一方で、天体観測や暦の技術が進むにつれて、世界が合理的な法則によって動いているという観念を強めていきました。これに比例して、世界の一部である人間社会にも合理的な法則があって、それを追求すれば天が感応して祝福を下し、安定と繁栄が得られるという考えが強まりました。祭祀においてそれぞれの立場と役割を定め、秩序だった儀礼を行えば祝福が下るように、政治においてもそれぞれの立場と役割を定め、秩序だった統治を行う国家にこそ、天は繁栄を約束するのです。

こうした考えから、人々にそれぞれの立場や役割を与え、それに応じてとるべき言動や、身につける衣服、扱う調度品が規範として整備されました。この規範は王ですら免れることはできません。王は規範を整備して人々を秩序化することで、天の代行者としての正当性を認められ、「天命」を受けた「天子」としての権威を身にまとうのです。天命を受けたかどうか判断するのは輿論です。王がみずからの規範を守らず、社会全体の規範を構築できなければ輿論は天命を失ったと考えます。この時、政権を交代する大義名分が発生して反乱と政権交代、すなわち「革命」が起こるのです。革命が政治のオプションとして存在することは、中国政治に強烈な緊張感を生みますが、一方でのちのち大きな問題になりました。

王ですらそうなのですから、まして諸侯《しょこう》、卿大夫《けいたいふ》、士《し》もそれぞれの立場にふさわしい規範が定められます。このようにして支配層に対する規範として定められたものが「礼」であり、それは彼らの存在意義を担保するものとなりますが、それが後になると政策や刑罰などを定める際の基準となりますから、全国民に対する影響は計り知れないものがありました。

礼においては、より合理的な規範を追求することが最も重要になります。王を頂点とした序列とそれぞれの規範を構築することで、誰が配属されても機能するような仕組みを追い求めるのです。これは太陽、山、川、大地、動植物などが調和して自然環境を作っているのと同じように、人間社会を体系化し、調和した世界を構成する行為として考えられました。前近代の中国において政治とは、まず礼の確定であり、しっかりした礼があれば、後は自然と期待通りに社会が回るはずなので、こまごました事務作業は2次的な問題だと考えられていました。ここでは便宜上「構築」や「作る」と書いていますが、彼らの自意識としては、あくまで天の法則が具現化した儀礼の規範を、社会の規範としてスライドさせているのであって、礼は人間の素朴な心情が納得するような規範であり、人間を改造しようとするものではありませんでした。この点、礼を人間の作為したシステムと言い切り、人間の欲望を誘導しようとした荀子はやはり法家の先駆者であって、かなりの異端ということになります。

ともあれ、こうした考えにより、王や政治家たちは前例を積み上げ、社会の動きを観測し、礼を適宜改変してより合理的な礼へと洗練させていきました。そのためのデータとして、地方の地理や文物、それに影響を受けた風俗や人情を収集し、また、時代ごとの心理的、物質的な変化を計測することで、どの地方、どの時代でも通用する礼になるよう工夫しました。つまり彼らは、地域、世代などの異なる価値観からなる人々が持つ、あらゆる人情をも汲みとった、人間の最大公約数としての礼の完成を目指したのでした。この計測・集積の結果は、後世に『詩経《しきょう》』『尚書《しょうしょ》』『礼経《れいけい》』（後に散逸）などの経書（儒教の聖典）として残ります。こうして人々は、職務や生活で礼に沿った言動をとり、適切とされる衣服、調度品などを用いることを通じて、礼に沿った心構えを無意識に備えます。そうすると、言って良いことと悪いこと、して良いことと悪いことが自然と分かるので、他者に対しても距離感のあるコミュニケーションを図れます。祖先祭祀も同様、家族を小さな世界、国家のように考え、家族の礼へと拡大します。これにより、家族間であっても礼を守らなければ、祖先の加護は得られないため、馴れ合いや理不尽な暴力から解放されます。

こうして**礼に沿った言動や心構えができると、その人は「徳」のある人だと言われます。**徳は親子関係では「孝」、友人関係では「信」などと、さまざまな場面によってジャンル分けされ、それらを完璧に備えた人は礼をよく理解しているので、公正に役割や立場を分配し、1人もとりこぼさない社会を作ることができる「聖人」だと考えられました。したがって、**徳は礼を永遠に再構築する母胎であるという考え**が生まれます。この考え方は、立場にふさわしい居住まいや言動を大切にし、「心を込める」とは丁寧な仕事をすることだと思い、**心と形が備わった人には、優れた人間性が備わっていると考える日本人にとって、大変理解しやすい**のではないでしょうか。

立場と役割を確定していく作業は官職制度や家族制度を生み出し、春秋戦国時代になると、政令や刑罰と合わせて「法」へと発展していきました。このように、礼は中国文明そのものといっても過言ではないのです。

孔子による「礼」の復興

礼の弱点は、それを作るのが人間だということです。つまり、その人間が率先して礼を守らない場合、たちまち人々は勝手に動き出し、社会が機能不全に陥ります。事実、周の王が礼を守らなかったことによって春秋戦国時代に突入し、管仲の活躍などもあいまって功利が浸透しました。礼は統治能力のない時代遅れの規範として軽視されたのです。

この時に現れたのが孔子（前552～前479）です。孔子は早くに孤児となったため、貧困の中であらゆる仕事をして食いつなぎながら、学問に精を出しました。また、孔子は出身地である魯《ろ》を代表する偉大な政治家、周公《しゅうこう》（生没年未詳）を尊敬しており、周公のように中国全土を礼によってひとつにまとめて再興したいという野望を懐いていました。やがて多くの人々が弟子入りするようになり、次第に身分の高い貴族もその門をくぐるようになります。これに伴って孔子を招いて政治上の意見を聞く政治家も出始め、ついに孔子は自分を使って礼の復興を行う主君を求めて、諸国を巡ることとなります。結局孔子を登用する主君は現れず、晩年は教育と著述に取り組むこととなりますが、孔子の弟子たちは各地の諸侯に登用されて政治、外交、軍事、教育など多方面で活躍し、歴史に名を残しました。

孔子のもとに弟子が集まった理由は、その学問が実用的だったからです。現代でも単に効率的に業務をこなせるだけでは仕事は成立せず、さまざまな企業風土や地域の人間関係に即したふるまいや言葉遣いができ、世界規模になると各国の文化や価値観をおさえ、外国の人をにやりとさせるような文学的、歴史的な知識や言葉遣い、ふるまいを学んでおかなければ取引に何かと支障を来します。この点、当時の中国ではさまざまな文物や慣習、人情を集積した『詩経』や『尚書』の教養がとても役に立ちました。また礼の知識は祭祀を含むさまざまな儀礼をとりしきる即戦力として必要でした。もちろんスキルの点についても、当時は政治家に必要な実用技能として礼（儀礼）、楽《がく》（音楽）、射（弓術）、御《ぎょ》（運転）、書（書道）、数（数学）の「六芸《りくげい》」（六つの技能）がありましたが、これを孔子は全てマスターしていました。したがって、その教育を受けた弟子たちは各国の諸侯に重宝されたのでした。

では孔子自身が登用されなかったのは何故でしょうか。それは、当時の諸侯たちにとって、あくまでも教養やスキルがあればそれで良かったからです。つまり、功利が浸透して生き馬の目を抜くような競争社会となった戦乱に勝ち抜くには、常に個別の問題にプラグマティックに対応していく実用スキルや、交渉を有利に進めるコミュニケーションツールとしての教養が大切で、規範について議論している孔子は空論を説く「役立たず」以外の何ものでもなかったのでした。事実、孔子の同時代人だった晏嬰は、孔子の説く礼は煩瑣に過ぎて役に立たず、混乱と対立をもたらすとして徹底的に排除します。孔子の弟子たちですら理想が高すぎると批判するくらいでしたから、孔子はその名声に反して実に孤独で寂しかったと言えるでしょう。しかし孔子の考えは、本当に単なる懐古主義だったのでしょうか。

理想のリーダー像

孔子が礼の復興にこだわった理由は、ばらばらの「個人」によって構成される社会の脆弱さを知っていたからでした。人々が規範に縛られて、価値観を表現できない社会は、確かに息苦しいものです。かといって、親が自分の常識ばかり押しつけたり、上司が自分の業績ばかり追求したり、子供が場所も考えずに自己主張したり、部下が勝手な約束をしてきたりすれば、当然お互いをつぶしあいます。それ以前に、自分のことしか考えていない様子が透けて見えるのは生理的に不快ですから、憎悪を懐いて敵対するのは仕方のないことです。裏返せば、**規範から解放されて「個人」を出せば出すほど、かえって身近な人に生の感情をぶつけてよりかかり、人間同士の距離が不必要に接近して断絶を発生させる**のです。

孔子は政治で絶対におさえるべき要点を聞かれて「君は君らしく、臣は臣らしく、父は父らしく、子は子らしく」という言葉を残しています。これはそれぞれが礼に従うことで、はじめて役割分担によって社会を繁栄させつつ、棲み分けの快適さが発生することを表しています。

政治に参加して礼の復興ができないことを悟った孔子は、徳が礼の母胎であることに着目し、徳のある人間を育てることで、その人たちが礼を復興することに賭けようとします。具体的には『詩経』や『書経』などを何度も読み、礼の学習に励むことで、古の偉大な王や政治家たち、または市井に生きる人々の言動をトレースし、その人物の言動の奥にある「心」を腹に落とし込んでいくことが1つ。そして、家庭や職場で礼になりきり、身の回りの他者をも巻き込んで礼を再生していく実践が1つ。この学習と実践が合わさることで、人の気持ちに鋭敏な感性を磨き、また礼を作り上げる政治力を鍛え、強靭な「個」を確立するのです。そうすると、仕事や家庭の人間関係がスムーズとなり、役割分担によって効率の良い成果を得ることができます。

孔子は、全ての徳を備えた完全無欠な徳を「仁《じん》」と呼び、全ての存在を包み込んで、そのものが持つ長所を最大限に生かす、という意味を与えます。仁を備えた聖人こそ礼を復興することができるのです。ただ、聖人はそうそういないので、仁ほどではないものの、部分的に徳を身につけ、自律した「個」を確立した人を「君子」と呼び、君子による礼の復興を勧めました。君子という言葉はもともと世襲の支配階級を指す言葉でしたが、孔子によってそれは徳を身につけた人の呼称となったのです。これはとても重要なことで、聖人はもともと王の資質であり、君子は階級を示すものだったのが、学問によって誰でもなれるし、なるべきだと言ったことになります。つまり、**人の上に立つべき人は生まれつきではなく、徳を身につけて、自律した「個」を確立した人でなければならない**と主張したことになるのです。こうしてみると**孔子はむしろ礼を完全に復興すべく、身分の流動化を暗示した革新的な思想家だった**と言えるでしょう。

2 やる気スイッチの入れ方——孟子と「王道政治」

収入なくして道徳心なし

孔子には「門弟三千人」と呼ばれるほど多くの弟子がいました。彼らは孔子の死後、各地で活躍することになり、その流れは「儒」と呼ばれるようになりました。しかし、孔子存命中からして、孔子が礼の復興にこだわった理由を理解できた者が少なかったように、儒家は必ずしも一枚岩ではなく、政策に注力した人、儀礼に没頭した人、文学に傾倒した人、言論に明け暮れた人など、さまざまな系統に分かれていきます。劣悪な者になると祖先崇拝の信仰を利用して、葬儀屋として各地で金稼ぎを行っていたとも言われます。

孔子の学問が広かったために起きた分派は、次第に粗雑な知識や技術の切り売りに堕落し、その反発から薄葬《はくそう》を説く墨家思想、仁や礼を批判する老荘思想などを誕生させました。あるいは、戦争の性格や運用法について整理した兵家《へいか》、自然の運行が人間や社会に与える影響関係を解き明かした陰陽家《いんようか》、地政学と外交の技術を磨いた縦横家《じゅうおうか》、言語と論理を分析した名家《めいか》、商業を抑制し農業の復興を図る農家《のうか》など、よりプラグマティックな思想も登場します。思想の分化や乱立は「百家争鳴」という局面を生みましたが、そうしている間にも功利は日々人間を支配し、さらなる利益の奪い合いへと突入しました。

そうした中で戦国時代も半ばになって現れたのが孟子《もうし》（前372?～前289?）です。孔子の弟子で「孝《こう》」の徳に優れていた曾子《そうし》（生没年未詳）、曾子の弟子で孔子の孫でもあった子思《しし》（生没年未詳）、そして子思の弟子という学統に属する孟子は、孔子の理想を実現すべく各地を遊説して回りました。**孟子は、相手の議論を自分の議論に吸収して利用するという能力が異常に高い論客**でした。したがって相手は、自分の議論にそって話が進んでいたはずなのに、いつの間にか自分の議論が孟子の議論を強化してしまっていることに気づくのですが、その時には既に反論不能に陥っています。こうした**合気道のような弁論術**によって、孟子は向かうところ敵なしの論客として名を馳せました。それはたとえば、利益を最大限に得たければ、礼の復興を目指すのが最も近道である、という論法によく表れています。**孟子は功利の売りである利益の最大化を横取りし、功利を無効化してしまおうとした**のです。

その手始めとして孟子は、王に面会すると彼らが建造した宮殿や庭園、寵愛する美女たちをほめたたえます。儒家が来ると聞いてどうせ礼の復興でも説くのだろうと思っていた王は意外に思い、孟子に興味を持ちます。そこで孟子は、それらをもっと楽しむには他人からの妬み嫉みや横取りに不安がるよりも、みんなで楽しんで賞賛された方がもっと楽しいと説きます。庭園を開放して山菜の採集や狩猟ができるようにすれば、みんなが王の庭園をほめそやすし、国中の独身者が結婚できるように収入を安定させてやれば、みんなが王の夫婦を祝福してちやほやされるのでこんなに楽しいことはない。要するに国民の資産がそのまま国家の資産になるようにするのが良い、と説くのです。そして「人間は安定した収入がなければ人のことを思いやる道徳心など持てないのです」と畳みかけ、王にとっての最大の利益が国民からの支持にあること、支持を得るためには国民生活を豊かにしてその道徳心を養うべきことを説きました。こうして王は、知らず識らずのうちに孟子の論法にはまっていくのでした。

孟子の所得倍増計画

孟子の議論はごもっともですが、では国民生活を安定して豊かにするためには、一体どうすれば良いのでしょうか。孟子は具体的な方法として、周王朝で行われていた「井田《せいでん》法《ほう》」の実施を提案します。井田法とは、土地を「井」の字のように9等分して、真ん中の1区画を公田として国家が確保し、残りの8区画を8世帯の国民に分配するという土地整理法です。土地を与えられた8世帯は、みずからの土地で穀物や桑などを植え、そこで得た収入を無課税で丸取りできます。そのかわり8世帯共同で1つの公田を管理し、そこから得られた収入を税として納入するというものでした。このように土地を国民に分配して収入を得る機会を与えることで、国民は生活に必要な最低限の食料、衣服を獲得し、それを元手にさらに資産を増やしていくことも可能になります。ここで重要なのは、**国民に現物支給するのではなく、生産手段を提供する**ということにあります。現物支給では国民の生産意欲を刺激することはできませんが、収益機会の提供であれば頑張った分だけ収入が上がるので、自然と国民をやる気にさせるのです。また、生産の手段を持たない貧困な人々に土地を分配することで、放置されている未開拓地を開墾しつつ、公田を通じた税収の母数を上げることも可能となります。

井田法はその後、理想の土地整理法として中世の唐《とう》王朝に至るまで形を変えて実施され、日本にもその影響は及んで江戸時代の地方再生事業まで応用されます。しかし、孟子が問題にしたのは必ずしも農業生産力だけではありませんでした。孟子の目的は、王の庭園造営に賛成したことにも見られるように、むしろ標準的な国民の生活モデル（現在で言う「中間層」の生活モデル）を決め、先行投資で収益機会を提供し続けることでした。孟子は、最低水準を確保した国民が生産に励めば、その収入によって家族を養うことが可能となり、貧困の最初の犠牲となる老人や子供が保護されると説きます。また、収入がないために結婚できない若者たちを救済することになるので、人口増加も期待できるし、独居老人や母子家庭、身体障害者を共同体で助けるような社会保障が出現するとも言いました。何より安定した共同体ができれば労働力と経済力を同時に獲得することができると言って、王の功利心をくすぐることも忘れませんでした。井田法は一見すると復古のように見えますが、孟子の議論はそのように単純ではありません。何故なら都市に人口が集中し、貧富の格差が開いて失業者があふれている現状では、むしろ都市には失業者を吸収する余力はなく、地方への人口環流が合理的な選択であると踏んでいたからです。さらに孟子は、相場を利用した収益によって一部の商人が経済を独占すると、税収は上がっても公正な商取引が破綻して経済が衰退すると猛批判したり、減税による一時的な税収の低下があっても国民所得上昇による長期的な税収の上昇をはかるべきだと訴えたりしました。つまり、井田法とは国家の産業構造をリバランスするための方便だったのです。

こうして**孟子は国民の資産、すなわち「民富」こそが国力であり、税収の多さ、すなわち「国富」は国力ではない**という論陣を張りました。孟子の議論には、経済学者の趣があります。

家庭教育の限界

前述のように孟子は、国富と民富という対立構図を打ち出すことで、政策面で功利に匹敵する理論が儒家にあることをアピールしました。この対立構図をより明確化する標語として、孟子はみずからの政治思想を「王道」と呼び、覇道との対決姿勢を鮮明にします。王道とは文字通り、歴代の偉大な王たちが採ってきた方法ということで、孟子は自分の議論が歴史的に正統なものであると権威づけしたのです。そして孟子は「生きている者を養い、死んだ者にはきちんとした葬式を出して、後悔が残らないような生活を保証することが王道のはじめである」と宣言します。つまり王道政治とは徹底的な民富育成のことを指すのです。ここでひっかかるのは、これが「王道のはじめ」だと言うことです。では王道の終わり、すなわち完成とは何でしょうか。

さきほど挙げた「安定した収入がなければ人のことを思いやる道徳心など持てない」という議論の前には「安定した収入がなくても人のことを思いやる道徳心を持てるのは士だけである」という言葉がついています。つまり、人間は経済的な貧富に引っ張られて、人を思いやったり思いやれなかったりという振れ幅が出るのですが、これに対して「士」と呼ばれる人はそれがなく、常にそうした道徳心を持つことができます。要するに士とは、君子ほど確固とした徳はないけれども、利害に心を動かさず、自律した「個」を守ろうとしている人です。

そうした士を育成するためには、学校を設立して師につかなければなりません。孟子は経済の安定を実現した後、学校教育を充実させて「孝弟《こうてい》」を教えよと説いています。孝弟とは、親兄弟に対する敬意と、それに伴う言動を指す徳です。社会の最小単位である家族内でこれができると、家族の礼が整うことで心理的に強力なバックボーンができ、利害にぶれない士ができあがります。さらに家族における経験を応用して、あらゆる社会で適切な言動と心構えを学んで徳を備え、礼を作り上げる君子へと成長するのです。こうして各種の徳を備えた君子によって、礼を復興するのが王道政治の終わり、すなわち完成ということになります。ここで注意したいのは、教育はあくまで学校で行うものであり、家庭は実践の場であるということです。孟子は親子間の教育は行うべきではないとしました。

現代でも家庭教育で道徳心を養うべきではないか、という意見がありますが、孟子はそれを否定します。何故ならば、家族間では感情が先に立ってしまい、冷静な指導が困難だからです。たとえばいくら親が正論を言ったとしても、親も聖人ではありませんから欠点もあれば間違いも犯します。そうした時に子供は不公平感を懐いて反発し、お互いにあら探しをして争うことが多いのです。そのような家庭に教育を任せるのは、親にも子にも大変な負担となります。したがって、学校という箱と教師という専門家を用意し、徳を効率的にインプットする必要があるのでした。これは、学校で「民主」「自由」などの近代的価値を教育することで「市民」を作り、近代社会を構築していこうとする教育学に似た考えです。

3　共同体の機能は安定した生活を作ること――「仁者無敵」の政治学

ふりまわされない人生の作り方

我々は思っているよりも不安定な精神をしています。お腹がすいたり暑かったり、疲れたりしていると無意識にストレスが溜まってネガティブな考えに陥ったり、不安になったりイライラしたりするものです。こうした物質的な要因に引っ張られて心に変調を来すことを、孟子はよく理解していました。したがって、貧困などで人心がすさむことは当たり前なので、王道政治によってまずは貧困の解消と所得の安定を目指したのでした。

一方で、貧困を解消した後は、人の持ち前である自然の心情を伸ばすことを訴えます。人は生まれつき、思いやり、羞恥心、謙虚さ、判断力を持っているとします。たとえば、子供が井戸に落ちそうになっているのを見れば、自分のことのように危険を感じ、タイムラグなく飛び出していく。こうした心は誰しもが持っているもので、これを「惻隠《そくいん》」（思いやり）と言います。同じようにえげつない悪事を見て嫌悪感を持つ心を「羞悪《しゅうお》」（恥じ憎む）、人の長所や美点を素直に尊敬する心を「辞譲《じじょう》」（譲り合い）、良いことと悪いことをひいき目なく判断する心を「是非《ぜひ》」（判断）と言い、これを優れた徳を養う４つの端緒（とっかかり）、すなわち「四端《したん》」と言いました。

この四端は、日常生活のどこかで常に現れています。しかし、一方で我が身かわいさで知らぬふりをしたり、感情が激して我こそは正義と悪事を行ったり、コンプレックスを隠すために自分を大きく見せたり、ひいき目で物を見て判断力を失ったりするものです。これらは気、つまり身体の作りから出てくる、性格や好き嫌いなどの気質に引っ張られているので、これを意識して日常の些細なことで実践を積み上げていきます。そうすると、筋トレと同じように少しずつ心が強くなり、できることが日々増えていって、気づいた頃には四端がのびのびと発揮される人間に成長します。こうした日常生活における修養を「拡充」と言います。

拡充が進むと惻隠が「仁」、羞悪が「義」、辞譲が「礼」、是非が「智」という徳へと成長して、礼を復興する力を身につけます。「仁」とは家族から職場、地域、そして国家へと親身な思いをかけていく徳になります。「義」とは悪を排除し、正しさを実現する徳です。「礼」とは立場や役割になりきって社会関係を作る徳、「智」とは物事の意味や是非善悪が整理できる徳です。こうした徳が本当に備わっている人ならば、それは既に生活を通じて多くの経験やスキルを身につけており、役割分担を適切に行って、所属する家庭や職場に規範を定めているはずです。こうした徳は最終的に「仁義」に凝縮され、これを備えた人は聖人であるとされました。

しかし、聖人は現実にはなかなか現れません。したがって孟子はまず「個」を守ろうとする士を増やすことを目指しました。孟子の論旨は正にここで、経済政策に頼ってばかりでは常に景気の変動で人心が動揺し、政治家の善し悪しに人心がふりまわされて社会が安定しません。したがって、経済政策の後に士を育成することで、今度は反対に一人ひとりの心が気をコントロールして君子となり、礼を復興しなければならないとしました。つまり、孔子と同じく礼の復興こそが孟子の論旨だったのです。

本当は怖ろしい性善説

病気になった人に何故病気にかかったんだと責めても無茶な話です。大事なことはまず病を取り除き、養生して身体作りをすることに他なりません。同じように、経済的な困窮や恵まれない環境などによって心がすさんでいる人に対して、いきなりその不正や無知を責めれば、さらなる孤独と混乱に追いやります。大事なことはまず経済的に自立できるようにして、親しみや思いやり、役割分担の意識を持ち、間違ったら修正し、冷静に話し合える居場所を作ることです。孟子は人には生まれつき必ず四端があるのだから、こうしたプロセスを踏めば誰でも四端を拡充して仁義へ向かっていくと説きました。これが人の性（生まれつき）は善であるという「性善説」であり、孟子は性善を明言した最初の思想家になります。

現代では性善説が誤解され、どんな凶悪犯にも事情があり、人間の尊厳があるのだから一方的に裁くべきではないという議論で使われるようですが、孟子の場合、人間が生まれつき善であるなら悪を行うのは人間ではない、という論理になりますので、凶悪犯はむしろ冷厳に断罪されます。要するに程度の問題で、社会が混乱している中では顰蹙《ひんしゅく》を買うような言動をする人がいたり、悪事が社会通念として悪事ではなくなったりしている場合は改善が可能だが、そもそも社会通念としても凶悪だとされる罪を犯す人は問題外なのです。

とすると、経済的な問題や社会環境に深刻な問題がないにもかかわらず四端を拡充しない人間はどうなるでしょうか。ある時、王が孟子に対して、暴君を倒して新しい王朝を開くのは謀叛ではないのかと質問します。いわゆる「革命」批判です。これに対して孟子は、

仁義を破壊する暴君は王ではなくただの犯罪者である。犯罪者が王によって処断されたと聞いたことはあるが、謀叛が起こったと聞いたことはない、と返します。一見すると詭弁のようですが、性善説に則れば、王という何不自由ない身分でありながら、率先して社会の根幹である仁義を破壊するのは、人々に憎悪と不正を植えつける行為であるため、これ以上の凶悪犯罪はありません。したがってそんな者は王どころか既に人間ではありません。また、そうした輿論が起こった時点で天命は失われているので、やはり**暴君は王としての権威と身分を喪失しています**。そのため**謀叛という事実は存在しない**ことになる訳です。

これはいわゆる「革命」肯定論として捉えられましたが、まず革命は孟子以前に既に政治オプションでした。そして孟子は王から出た話を受けて、悪政による王朝交替は自然の結果であると言っているだけで、革命を政治オプションとして実行すべきだとは一言も言っていません。

そんなことよりも**怖ろしいのは、悪政を行うような政治家は人間ではないから殺されたと言われていること**です。孟子は「敵国や外患のない国は滅ぶ」と言い、あるいは「国民生活が最も重要で、国土防衛が次、王の安泰などは二の次三の次だ」と言って、政治家に緊張感を持つことを要求します。政治家ばかりではありません。孟子は現代的な民主主義者ではありませんから、国民を無条件に国家の主体と考えてはおらず、士となった人を「心を使う人」として政治に専念する一方、士となれなかった人を「力を使う人」とし、士の経済を支えるべきだとしました。考えようによっては性悪説ではじめから期待されず、与えられた枠の中で利益を追求していれば良い荀子の方が楽だとも言えるのです。

王道政治と昭和

ここまで一方的に孟子の議論が展開されましたが、王や政治家にも言い分があります。たとえば**国民生活に投資するためには財源が必要**であり、**財源を確保するには増税が必要**であり、その間にも**他国は軍備を増強しているのだから軍事費も増額**する、まして**減税などもってのほか**、などです。**驚くほど現代と同じ議論ですが、それだけ国富と民富の対立は普遍的な問題**なのでしょう。

これに対して孟子は、仁の政治である王道政治が実現されれば国土のすみずみまで人々が住み着いて共同体を作る。この共同体では人々がみずから働き、みずから人間関係を作っていくので、いきおい強い愛郷心ができる。これまでどこへ行っても食い詰めていた人々は、自分の故郷を文字通り死ぬ気で守ろうとするし、生活を与えてくれた国家を守ろうとするだろう。そうした国民のいる国は非常に強く、国民の積極的な参加によって敵国の侵略から国を守ることができる。たとえ占領されることがあっても、必ずや国民は王についてきて国を復興するはずだと説きます。これは、国民の愛郷心を愛国心にまで育て上げた上での総力戦構想と言うべきでしょうか。要するに、敵国がどうかではなくて、自国の体制が勝敗を分けるのです。これを「仁者無敵《じんしゃむてき》」（仁を滅ぼせる敵はいない）と言います。これは吉田松陰《よしだしょういん》（1830〜1859）をはじめ、江戸時代の兵学者たちに高く評価された国防論ですが、ここには軍事戦略家としての顔がよく表れています。

ともあれ、孟子は王道政治によって心を救い、拡充によって気をコントロールすることで、徳による礼の復興を実現しようとしました。それは正しく孔子の目指した礼の復興を政策化した議論でしたが、実際には孟子の支持者であった王ですら実行をためらって挫折するほど、当時は理想主義的で非現実的だと考えられていました。これは**現代でも国富と大資本を重視する財政再建派や構造改革派が現実論だと言われ、民富と中間層を重視する積極財政派が理想論だと批判される構図にそっくり**です。こうしたことから、いくら孟子が論戦に勝利したところで、儒家は功利を打倒できませんでした。

ですが、孟子の思想はその後、中国近世の大政治家であった王安石《おうあんせき》（1021〜1086）

などに継承され、日本でも**徳川家康**《とくがわいえやす》（1543～1616）**が『孟子』を最も愛読し、武士を「士」にして日本を道義国家にしようとしました。**四端の拡充を主体とする孟子の修養論は、後に朱子学《しゅしがく》に組みこまれ、絶対的な権威を獲得します。

日本史をふりかえっても、いわゆる**「累進課税」「終身雇用」「年功序列」「護送船団方式」による徹底した中間層の保護育成は、王道政治と非常によく似ており、**また「一億総中流」と呼ばれた安定した日々の暮らしの中で、人づきあいや常識を学んでいったのは、素朴に四端を拡充させていた行為でした。そうした意味で、昭和の高度経済成長期は景気が良く、人々もモラルが高かったと言われるのかもしれません。一方で、必ずしもそれを自覚的に行っていた訳ではないので、バブル崩壊以後は中間層の保護をあっさりと手放して平成の「改革」時代へと突入しました。またモラルにしても今となってはおかしな規範がたくさんありましたし、集団主義的な横並びが強かっただけで、次々に流入する「グローバル」な議論に片っ端から追従し、今や年単位で常識が変わってしまっています。したがって、決して昭和が孟子の理想だったというのではなく、孟子の思想はまだまだ長い時間をかけて、形を変えながら現れてくるもののように思われます。

【この章のまとめ】

◎礼による役割分担が組織の力を最大限に引き出す。

◎礼を作るのは徳であり、個人のありようが組織のありようにダイレクトに影響する。

◎日本の高度経済成長期は、孔子や孟子の理想にわりあい近かった。

第3章

なぜ官僚は叩かれるのか――中華帝国と官僚

前章でも述べましたが、平成は「改革」の時代でした。その中で規制緩和と共に官僚批判が盛んになったことも特徴の1つです。昭和の頃、中央省庁に所属する官僚は、さまざまな法律、行政命令を行使して、日本社会の枠組みを作ってきました。そこでは多くの規制が設けられ、日本企業同士がつぶしあうことを避けて経営や雇用を安定させつつ、国際競争力を維持したのでした。しかし一方で、それが多くの人からビジネスチャンスを奪って健全な競争や発展を阻害し、官僚と企業の間で癒着や汚職を起こすような弊害もありました。身近なところでは、生活に必要な日用品や医薬品の流通量や価格、企業の賃金や雇用なども、官僚の作成した枠組みに沿って大きく動きますから、我々の人生設計や経済生活は、彼らの作成した枠組みに無意識に操作されていると言っても過言ではありません。

バブル崩壊以降、いくら景気対策を行っても改善の兆しが見られないことから、日本社会の枠組みや、それを作る官僚に批判が集まりました。そのため、官僚が作成する規制を撤廃し、民間の自由を拡大することで、自然と新しい枠組みができあがるという、いわゆる規制緩和や民営化の議論が盛んとなります。こうしてさまざまな改革が行われたものの、数字上の景況はともかく、高度経済成長の勢いどころか、バブル崩壊からの回復すら実感できないまま平成が終わり、令和を迎えることとなりました。それに加えて、ここ数十年でさまざまな「グローバル」な価値観が入って人々の常識が多様化したため、身の回りの人間関係を作ることも一苦労となりましたから、個人の自由を謳歌するにせよ、人とつながろうとするにせよ、社会は何となく不安定で生きにくい空気に包まれています。

このように混乱した状況では、まずそもそも官僚や規制とは何なのか整理しなければ、改革すべきものすら分かりません。そこで、歴史的に官僚制度が発達していたと言われる、中国の例を眺めながら考えてみましょう。

1　金持ちがケチになる理由――貴族と官僚

田舎のネズミと都会のネズミ

「田舎のネズミと都会のネズミ」というイソップ童話をご存じでしょうか。これは、田舎のネズミに歓待してもらった都会のネズミが、都会にはもっと素晴らしいご馳走があると自慢して都会に誘い、見たこともない料理をふるまうものの、それはどれも人間からくすねてきたもので、食べている最中から人間の出入りにびくびく右往左往して落ち着きません。これにうんざりした田舎のネズミは、素朴なものを食べていても田舎の方がマシだと言って帰ってしまうというお話です。また、太宰治《だざいおさむ》（１９０９〜１９４８）の『人間失格』では、田舎から上京してきた主人公に対し、東京の悪友が都会を教えてやると言って、主人公の金で派手に遊ぶものの、いざ自分の家に主人公がやってくると、一枚きりの座布団の糸をもてあそんで切らないよう注意したり、薄いしるこを出した家人におべんちゃらを言ったりする、というシーンがあります。

これらにはいずれも、田舎の人間の偏見や嫉妬がある一方で、成功している人間ほど外面は見栄を張りつつ内実は締まり屋で、抜け目なく利益を狙う「さもしさ」も表しているのですが、世界史的に見ても、貴族による政治、経済、文化の独占が似たような形態をしていました。

「貴族」とは、一般的に官職や身分を世襲で独占する階級のことを言います。また、その身分に応じて大規模な私有地や奴隷などの資産を所有し、さまざまな法的優遇措置を受けていました。貴族たちは政府に参加してさまざまな決定をし、幅広い利権を得ることでその力をますます強めていきます。また、その権力基盤を守るためにお互いに血縁を結ぶと同時に、彼らの中でサロンを形成し、文学や芸術などの教養を共有することで、文化的なグループを作りました。こうなると、貴族以外で人格や能力に優れた人がいても、音楽や美術、詩や歴史、思想などの知識、言葉遣いやマナーなどの教養がなければ、心理的な疎外感が生まれるため、よそ者として排除されることとなります。このグループに入るためには、何度も足繁く通ってつながりを作り、何代にもわたって1つずつランクを上げなければなりません。そうした手続き自体がピラミッド型の権威と収益構造を強化します。つまり、貴族たちは政治的、経済的成功に、文化的な装飾を施して大見栄を切ることで、あらゆる利益を1つも手放すことなく独占したのでした。貴族に対しては、皇帝や王ですら介入することができない利権が数多く存在していました。

やがて皇帝や王はみずからの意志を理解し、手足のようにはたらく臣下を求めるようになります。そうした時に身分と関わりなく抜擢された者たちこそ、後に「官僚」と呼ばれる存在でした。官僚は時代が下るにしたがって、皇帝や王というよりも、国家の臣下、すなわち公僕としての性格が確立されていきます。

皇帝の孤独

これを中国にあてはめて、もう少し具体的に見ていきましょう。官僚のような存在は、春秋戦国時代には既に存在していたようです。王や諸侯直属の臣下は、大臣などに就任している有力者の力が強くなればなるほど必要とされましたから、戦乱の世になればそうした存在が登場するのは当然だったと言えます。続いて、秦の始皇帝が天下を統一し、全国的に郡県制を敷くと、皇帝の専権事項や利益が増大するのに比例して、皇帝直属の臣下が一気に増加します。これは官僚としての性格を備えていたと言えます。

しかし、カリスマであった始皇帝が死亡すると、過酷な刑罰ばかりでできた法の支配に堪えかねて、各地で反乱が相次ぎます。秦（前221～前206）が滅亡して漢《かん》（前漢：前202～後8、後漢：25～220）が成立すると、漢は秦の反省をいかして中央集権制をゆるめます。皇帝の親戚や、功績のあった臣下を地方に配置して王とし、皇帝は中央に朝廷を開きつつ、重要拠点には知事を派遣して統治することになりました。これは封建制と郡県制を合わせた制度で、「郡国制《ぐんこくせい》」と呼ばれます。しかし、郡国制は当座の間に合わせのような制度で、統一国家としては半ば破綻しており、事実、皇帝と王たちは対立して、内乱や粛清が発生する緊張関係を作っていました。その後、皇帝が権力闘争に勝利して王は有名無実化し、漢王朝は少しずつ統一国家としてのまとまりを強めていきますが、妻の一族である「外戚《がいせき》」や、去勢された上で後宮（ハーレム）に仕えた「宦官《かんがん》」などが台頭し、皇帝は孤立することとなります。

こうした状況を改善すべく、やがて人材登用制度が整えられました。それが「選挙《せんきょ》」という方法で、地方に派遣された知事や地元の豪族が、その土地の優れた子弟を朝廷に推挙するというものです。「豪族」とは、漢代になって現れた地方の富裕層のことを言います。もともとはその財力に伴う地方権力を朝廷から危険視され、過酷な徴税で抑圧されていましたが、選挙によって政府に取り込み、官僚として外戚や宦官に対抗させることで、相対的に皇帝権力を上げることを狙ったのでした。ただ、せっかく抜擢しても、彼らが権力闘争に参加するようでは意味がありません。そこで、評価基準に儒教を用いることで、経書を学習し、礼の教養を身につけることが必要となりました。こうして儒教が本格的に政治を仕切ることとなったのです。

これにより、推挙された官僚は、礼の学習によって規範を身につけ、国家のあるべき姿を考えるようになります。そうすると権力の獲得よりも公正な規範意識が強まり、公僕としてのニュアンスが強くなります。

地獄絵図のはじまり

漢の時代には多くの学者や官僚たちが、経書をもとに礼の復興に着手しました。天地や祖先をまつる祭祀設備や各種儀礼が整備された他、それらの根拠となる世界観や君臣関係、家族関係の規範が定められ、官職制度や家族制度が整備されました。また秦の法も継承されましたが、それは礼によって決められた君臣関係や家族関係を、刑罰で統制するために利用されました。いわば「**儒法併用**」といったやり方ですが、礼が全ての制度、政令、刑罰に影響しているので、**現代で言えば単なる法令遵守から拡大して、経営理念や規範としてのコンプライアンスが定められ、それを徹底する人事管理や統制システムとしてのガバナンスを構築していく**、という感じが近いかもしれません。要するに礼が国家の制度、政令、刑罰をまず根底から規定するのです。

礼によって序列化された人間関係は、礼の根拠が天であることから、天の法則と同じく絶対的なものと見なされ、「三綱《さんこう》五常《ごじょう》」が絶対普遍の規範として登場します。これは「君─臣、父─子、夫─婦」の3つの人間関係を「天─人」の関係安定に対応する社会基盤（綱）と定め、人々が「仁、義、礼、智、信」といういつの時代、どこにあっても通用する、5つの普遍的（常）な徳によって、これを支えなければならないとするものです。三綱五常が備わっている国は、天の法則を人間社会に実現した国家であり、永遠の安定と繁栄が約束されるのです。

では五常はどのようにして獲得するかというと、礼の規範に従って全ての人が序列化し、そこで行うべきこまごました礼儀作法を遵守して、頭のてっぺんからつま先まで規範に染まりきってしまうことが求められたのでした。特に家族内の親子関係を君臣関係に等しいレベルまで秩序化するために、「孝」という徳目を理論化した『孝経《こうきょう》』は経書に格上げされました。こうして生み出された各種規範が、社会や国民精神を支配する体制を「礼教《れいきょう》国家《こっか》」と言い、後漢の頃には皇帝を頂点とした、整然たる統治システムを構築します。整然とした礼の体系は、それが適用される対象であり、なおかつ国民生活を規制する制度や政令、刑罰の基準としての礼を運用する主体でもあった、官僚層の権威を確固たるものにします。

ただ、礼の大本となる経書は、戦乱によって既に多くが散逸していました。それを逆手に取った学者や官僚たちは、経書を復元し解読する事業に取り組むかたわら、読解の手がかりとなる注釈を操作して文脈を誘導し、果ては経書本文を偽造したり、神秘的な預言書(緯書《いしょ》)を「発見」したりします。つまり、漢は経書から普遍的な礼のあり方を真摯に学ぶ反面、統治に必要な礼を、経書の名を借りて創作したのです。こうしてできあがった礼は、もはや人々の精神すら支配するイデオロギー色を強くしており、孔子や孟子が説いた礼、特に人々が生活から再生していく規範といった側面はありません。ここで言う「イデオロギー」とは、支配的な思想や体制によって提示された世界観を指します。現代で言うならば、「自由」がイデオロギーになると、個人の自由意志を尊重せねばならず、「平等」がイデオロギーになると、機会や結果を平均化しなければならない、といった規範を生みます。これが体系化されると「規制撤廃」や「差別解消」などが政策議題に挙がり、社会全体がその世界観によって改造されます。つまり、始皇帝による法の統治が礼によって行われたとも言える訳で、縦横に規範の網をかけて人間を画一的に支配するイデオロギー的思考は、漢の国力を最大限に引き上げて当時世界最大級の帝国を建設させました。また、数多くの政治、文化的遺産は、のちに彼らが「漢民族」と自称するほどのアイデンティティーを生み出しましたが、それだけ強大な力を持つが故に、このイデオロギー的思考こそが、官僚たちを滅亡へと追いやります。

漢の末期には外戚、宦官、官僚の闘争が過激化して、戦乱へと発展します。そんな中、官僚たちは、礼を完璧に運用できない漢に見切りをつけ、古代の王が徳によって王位を譲り合っていたという伝説を、緯書を使って天の意思であるかのように正当化して、「禅《ぜん》譲《じょう》」という政治オプションを発明しました。そうして禅譲を皇帝に強要して400年にわたる漢王朝を滅ぼし、魏王朝（220～265）を開きます。

魏は「九品官人法《きゅうひんかんじんほう》」という登用制度を開発しました。これまでの選挙は推薦制なので、どうしても地方の豪族の人脈が濃厚に反映されます。そこで、新たに中央から役人を派遣して人物を鑑定させ、その能力に応じて階級分けしたのです。これにより、公僕としての官僚の質を上げるつもりでしたが、結局は中央官僚の人事権が強くなって、官僚の家柄が固定することとなりました。

やがてまた禅譲によって晋《しん》王朝（265～420）が開かれますが、官僚たちは相次ぐ戦乱に絶望して使命感を失い、上昇志向と名誉欲だけが残ることとなりました。また頻繁な禅譲は、皇帝という地位を軽んじる空気を作り上げていました。彼らは九品官人法の階級制度を悪用し、仲間内で人事考査を行うことで階級と役職を独占して、世襲するようになります。また、都会に集住して濃密なグループを形成する一方、地方の別荘地であった「荘園《しょうえん》」を拡大し、そこの使用人として多くの流民を引き入れて生産させ、その地域一帯を1つの生産拠点として私物化し、莫大な資産を形成しました。こうして特定の家柄で官職を世襲する「貴族」が生まれ、他の人々から就職と収入の機会を奪い、圧倒的な格差を作る体制が誕生したのでした。**イデオロギー化した礼の暴走が官僚を滅ぼした**のです。

その後、混乱と腐敗が極まった中国には異民族が侵入し、ついに長江以北の領土を失ってしまうこととなります。禅譲を政治オプションにしたことは、地獄絵図そのもので、力を持った者が次々に禅譲を迫って新王朝を開き、禅譲した皇帝は自殺を強要されました。この状況下では礼も貴族内秩序を強化するだけで、宋《そう》（420〜479）、斉《せい》（479〜502）、梁《りょう》（502〜557）、陳《ちん》（557〜589）と王朝交替が続き、やがて北方から攻め込んできた異民族色の強い隋《ずい》（581〜618）に滅ぼされ、ここに漢王朝からの流れは断絶することとなりましたが、魏晋以来の貴族たちはその財力と政治力を背景にいち早く服属し、どの王朝にも澄まし顔で居残り続けるのでした。

ここで興味深いのは、**本来は私的な利益の独占を防ぐべき官僚が、利益を独占する貴族になった**ことです。人間には、子孫に利益を継承しようとする原始的な性質がありますが、官僚が思想を失うと、**公的な使命感が即物的な上昇志向や名誉欲に変質し、逆に国家を滅亡させてでも私益を追求し続ける厄介な存在**になります。**官僚という防止装置は「都会のネズミ」に乗っ取られた**のです。

2　士大夫の世界――「唐宋変革」と官僚

さようなら貴族たち

久しぶりに天下統一を果たした隋、そしてその後に続く唐《とう》（618～907）は、北方異民族の系譜につらなる王朝でした。特に唐は、君臣関係や家族関係の規範、それを体系化した官職制度や家族制度、政令や刑罰を全て法で明文化した「律令体制《りつりょうたいせい》」という政治形態を完成します。また、活発な国際交流とあいまって、中国史上有数の華やかな文化を形成しました。今でも漢詩や文章はこの時代のものが好んで読まれますが、詩文にはもう1つ重要な役割がありました。それは官僚の復活によって礼と法を公正に運用し、貴族が皇帝を凌ぐ体制を終わらせることです。

隋は「科挙《かきょ》」と呼ばれる登用制度をはじめました。これは「科目による選挙」という意味で、ペーパー試験による登用となりますから、これまでの推薦制度よりも公平性が保たれ、人事の流動性も見込めるものでした。唐になると「秀才《しゅうさい》」（政治）、「明経《めいけい》」（儒教）、「進士《しんし》」（文学）などの科目が設置され、どれかに通れば晴れて官僚となって、政治に参加することができます。唐王朝では経書の大々的な校訂・整理によって、国定教科書とも言うべき『五経正義《ごきょうせいぎ》』も編纂され、礼について議論する場が整備されました。しかし、明経科は単に経書の丸暗記を審査したため全く人気が出ず、創意工夫にあふれた詩や文章で才能をアピールする進士科が圧倒的な人気を誇ります。そもそも詩文は言葉に対する幅広い知識がなければなりません。それは同時に、言葉を通じて多くの物事を知り、物事の微妙な違いを知ることにつながります。たとえば色や味について多くの表現を知っていると、色や味の微妙な違いを知ることにつながり、それが染め物や料理などでさらに広く深い組み合わせや発展を生むようなものです。これと同様、詩文に巧みであるということは、世の中のことについて豊富な知識を持ち、人情にも通じていると見なされたため、政治において有能な人間が多いと考えられたのでした。

実際に唐には多くの優秀な官僚が輩出されました。しかし、詩文のような芸術は、学習環境によって差が出やすいものですから、サロンを形成していた貴族に有利でした。また、美文にこだわるあまり、文字数や韻の踏み方などに煩瑣な決まりが増え、率直で簡潔な表現が難しくなります。これは正しく部外者からは謎に満ちた、貴族社会の閉鎖空間そのものです。加えて、高官の子息は無試験で官位を与えられる制度があった他、貴族は人事権を握っており、科挙合格者であっても官僚として採用されないこともありました。このため、貴族の圧倒的優位が崩れることはなかったのです。

そうした中、官僚や学者たちから、古《いにしえ》のような率直で簡潔な文学を復興しようという運動が起こります。「古文復興運動《こぶんふっこううんどう》」と呼ばれたそれは、単に文学上の運動ではなく、漢から前の時代の文章を顕彰することで、政治の刷新を目指していたのでした。これは文化的にも政治的にも貴族と対決することを意味します。官僚と貴族の対立は日増しに強まりましたが、その後、唐王朝の弱体化に伴う長い戦乱状態が始まると、各地に軍事政権が誕生して貴族たちは次々に殺害され、とうとう表舞台から姿を消しました。その後、天下を統一した宋（960〜1279）は、いよいよ本格的な官僚育成に取り組み始めたのでした。

一君万民の帝国

宋王朝が始まると、「唐宋変革《とうそうへんかく》」と呼ばれる現象が本格的に起こります。これは、貴族の没落によって決定的になった現象です。まず、長江以南（江南）の肥沃な土地や豊かな水資源を活かして、農地が大規模に開拓されます。農業の発展は人口増加と工芸品の増産を促します。幸いなことに、隋の時代に開削された大運河があったため、江南の産物は長江以北にもゆきわたりました。全国的な流通網が発展するにあたって、唐の頃から流通していた「交子《こうし》」という約束手形が盛んに用いられ、それはやがて紙幣として発達します。経済の拡大は、モノだけではなくサービスの拡大を促し、大規模な経済発展と好景気を招くのです。中国北部（華北）にありながら、東西南北に広がる水運の要所であった開封という商業都市は、宋の都として隆盛を極めます。そうした中、庶民から多くの土地と小作人を保有する大地主層や、事業に成功して金融業も営む大商人が生まれ、彼らはその経済力を背景に教育に力を注ぎ、やがて科挙を経由して官僚になりました。

ついで、羅針盤や火薬、活版印刷といった発明が起きました。特に印刷技術の発達は、書物の大量印刷を可能とし、教育水準の向上を促しました。経書についても後に『十三《じゅうさん》経注疏《けいちゅうそ》』としてまとめられる注釈書が刊行され、科挙の準備が着々と整えられます。これは『五経正義』の流れを汲むもので、歴代の注釈と解説をまとめたものになります。したがって、これを読めば、経書本文はもちろん、それを巡って議論された、これまでの礼や法に関する考え方が理解できるという訳です。経書の整理と流通は地主層の教育熱を刺激し、多くの読書人（文化エリート）を育成しました。

ちょうど宋では貴族の消滅によって、皇帝権力を強化した体制が出来つつあり、その現象の1つとして、科挙の最終試験を皇帝が監督する「殿試《でんし》」が始まります。そのため、科挙受験者は皇帝に認められたという高揚感を懐きながら、任務に就くこととなります。唐の頃には緩かったペーパー試験の不正防止策もさらに強化され、縁故や情実が利かないように徹底されました。

やがて彼らは「士大夫《したいふ》」と呼ばれるようになります。士大夫とは、大地主、大商人（資本家）であり、読書人（文化人）であり、官僚（政治家）でもあるという条件を満たすことで成立します。そして、大きな所得格差からくる教育格差があるものの、公正なペーパー試験で選抜された庶民が国政に参加し、皇帝と国民しか存在しない「一君万民」の国家体制ができあがるのでした。このように、魏晋から唐まで続いた貴族制が終わり、官僚制度の充実を軸とした大規模な体制変化が起こった時代変化を「唐宋変革」と言い、中国の官僚はようやく完成の域に達したのです。

官僚たちの夏

宋には新進気鋭の官僚たちが多く輩出されました。中でも当時の元号からとって「慶暦《けいれき》の治《ち》」と賞賛された時代には、范仲淹《はんちゅうえん》（989〜1052）、欧陽脩《おうようしゅう》（1007〜1072）

などの人物が現れます。この頃の官僚は、現代の首相、閣僚、代議士、官僚、知事、市町村長、大学教授、軍事司令官、裁判官などに相当する、あらゆる役職に振り分けられ、国家全体を支配していました。もちろん彼らの不正をチェックする監察も官僚のポストです。一見すると不正の温床にも見えますが、当時は政治闘争につきものの陰惨な殺し合いも少なく、高いモラルによって国家運営が行われていたようです。

范仲淹は罷免を恐れず上に直言をくり返し、国境防衛では厳格な軍令によって異民族を畏服させて寸土も失うことなく、副宰相としてその頃には破綻していた律令体制にメスを入れ、礼の再整備と法の再編による国家再建に取り組みました。これを「慶暦《けいれき》の改革《かいかく》」と言います。彼は「天下の人々に先んじて憂い、天下の人々に後れて楽しむ」という言葉を残し、国家の問題を自分の人生を懸けて引き受ける、という気魄に満ちた覚悟を示しました。

また、范仲淹と同じく活躍した富弼《ふひつ》（1004〜1083）や文彦博《ぶんげんはく》（1006〜1097）、韓琦《かんき》（1008〜1075）は、地方官になると仁政によって数十万の貧民を救済し、外交使節や軍事指揮官になると、当時勢力を拡大していた異民族王朝と互角以上にわたりあい、はたまた中央では財政の合理化や国史の編纂に取り組み、後に宰相となって優秀な官僚たちを抜擢しました。

思想方面では欧陽脩がリーダー的存在でした。欧陽脩もまた地方官などを歴任し、副宰相の地位まで昇進しますが、彼は独学で養った非常に幅広い学識を元に、数多くの助言や提言を行い、若手官僚を数多く推挙して、彼らに活躍の場を与えました。また、国史編纂を通じて独自の歴史哲学を展開し、古文復興運動を大きく推進した他、古代の青銅器や碑文を収集して古代文字を研究しました。古代文字の研究は「金石学《きんせきがく》」と呼ばれる学問分野を開きます。これらにより、漢以来の権威ある注釈によりかからず、経書をゼロベースで読み直す流れを作りました。

この流れは欧陽脩の他、国立大学教授であった孫復《そんぷく》（992〜1057）、石介《せきかい》（1005〜1045）、胡瑗《こえん》（993〜1059）らによって強力に推進され、その教え子たちが官僚になって、さらに改革を推し進めるのです。彼らは「慶暦士大夫《けいれきしたいふ》」として後世まで模範と仰がれ、彼らの生き様は『名臣言行録《めいしんげんこうろく》』いう書物にまとめられました。この本は、明治天皇《めいじてんのう》（1852〜1912）の愛読書としても知られています。

城山三郎《しろやまさぶろう》（1927〜2007）の『官僚たちの夏』では、「日本型経営」という思想にもとづき、あらゆる法規制を編み出して貿易自由化に抵抗した、日本の通産官僚による命懸けの戦いが描かれています。日本も中国も、官僚たちの思想が国家の枠組みを作り、その枠組みが景気や国力を大きく牽引するため、その動向が常に国民生活に直結し、批判の対象となることは避けられません。しかし、ただ官僚を叩けば良いのではなく、**官僚に思想がないということは、多種多様な価値観に翻弄され、国家がばらばらになることを意味する**のですから、**官僚こそ時流に関係なく、研究を重ねた思想を持つことが望まれる**のです。

3　中華思想という民族コンプレックス——帝国と官僚

皇帝と天子

ここで一度立ち止まり、「皇帝」という存在について考えてみたいと思います。この称号は始皇帝に始まりましたが、詳しく言うと、古代には「三皇《さんこう》五帝《ごてい》」と呼ばれる8人の伝説上の帝王がいたとされ、彼らはほとんど神格化されていました。そこで、それらを全て兼ね備え、宇宙を支配する存在として「皇帝」と名乗り、地上の統治者であると同時に、天と同等の存在であることを示したのです。したがって、皇帝イコール天であって、天の意思を代行する「天子《てんし》」であった古代の王よりも上位の存在となり、地方に割拠していた王たちの存在を否定できる訳です。

ところが漢になると、皇帝が祭祀する時にはみずからを「天子」と言います。しかし、皇帝が天そのものであれば、天子と名乗ったり、天を祀ったりすること自体が論理的に矛盾しています。この矛盾は修正されることなく継続するのですが、それには理由がありました。まず1つ目に、天の祭祀は中国においては抜き難い信仰として存在していました。2つ目に、中国周辺にはさまざまな民族や国があり、それぞれの王が存在します。現実問題としてそれら全てを滅ぼして併合することはできませんし、皇帝の称号をふりかざしてその王権を無視すれば、交渉が成立しません。そこで、みずからを天子と称し、強大な力を背景に外交上の上下関係を確定することで、はじめて交渉可能な世界観が確立できるのでした。

ならばはじめから王を名乗れば良いのではないかと思いますが、広大な中国はそもそも多くの言語や文化が乱立する空間であり、現代でも地域を移動すると全く外国のように思われるような国家です。中国北部を治めていた周の時代ならともかく、現代の中国大陸の領域まで広がった国で王を名乗っても、戦国時代に王が乱立したように、あくまで一部地域の王であるに過ぎないと見なされ、すぐに反乱や独立が起こって内乱状態に突入します。したがって、天下を統一して全ての地域に君臨するためには、皇帝という称号をやめる訳にはいかないのでした。つまり、国内向けの称号としては皇帝が用いられ、祭祀や外国向けの称号としては天子を用いることで、中国という国をひとつにまとめつつ、諸外国と並立するという統治方法を発明したのでした。

　この場合、周辺諸国とのやりとりは、「朝貢《ちょうこう》」という形で処理されます。すなわち、周辺諸国の使節を迎え入れて王位や爵位を授け、彼らが中国に服従しに来たという体裁にするのです。貿易もまた、周辺諸国からの貢ぎ物に対する返礼という体裁で処理されます。そうすると、周辺諸国の王は中国王朝の序列に組みこまれ、体裁としては中国が拡大することとなり、国内向けの皇帝権威が保たれることになります。このように、世界が皇帝によって統治されるべきという建前を残しつつ、諸外国との棲み分けを可能にする外交関係を「冊封体制《さくほうたいせい》」と言います。

「帝国」という思想

冊封体制は、政治的な上下関係を示すばかりでなく、文化的な上下関係をも規定しました。もともと周の統治に参加する地域としない地域を表す言葉として「華夷《かい》」がありましたが、都市国家が点在していた春秋時代の後、周辺の領域をも領土として認識するようになった戦国時代あたりから、文化的差異を強調しはじめます。国境線が広がり、文化や習俗の異なる異民族と接する機会が増えるにつれ、自国民に異質な価値観が入り込むという、文化的な危機感が強まったのです。これと比例して、周王朝の後継を目指した各国には、お互いを同一の文化圏と認識する仲間意識が育ってきました。脅威が強まるにつれて華は文明、夷は野蛮というニュアンスが強調され、差別意識が強まっていきます。

これが漢になると、儒教を用いてイデオロギー化されます。すなわち、漢の礼を取り入れた地域を華、取り入れない地域を夷とするのですが、これが冊封体制を理論的に強化して、周辺諸国で漢の礼を取り入れた国は「外臣《がいしん》」と見なされます。礼を取り入れずに朝貢だけに来る国は「朝貢国《ちょうこうこく》」、そして、全く関係しないものは「化外《けがい》」として軽侮されます。こうした差別意識むき出しの世界観は、現実問題として全世界を支配できないという政治的限界に加え、周辺諸国の異質さを強調することで、国内の仲間意識を強める狙いがありました。

さらにもともと異なる文化や言語で構成されている——とはいえ周辺諸国と比べると近い——国内の統合を強めるために、漢王朝は異なる地域から抜擢された官僚たちに、全地域に共通する礼を定めさせました。こうした学術的な努力によって文化的優位を確保すると、やがて彼らはみずからを文明の中心、すなわち「中華」と自称するようになります。そうした自国優位の世界観こそが「中華思想」なのです。ともあれ、歴代王朝は中華思想にもとづく「中華帝国」として、周辺諸国と対峙することになります。

ここではさらに「帝国」という言葉についても考えてみたいと思います。実は**「帝国」**の定義は現代でも定かではありません。辞書には「皇帝の治める国」とあるものの、皇帝がいなかったアメリカやソ連もお互いを「帝国」と非難しました。ただ、そこには共通点が1つあります。それは、**全人類に適用されるイデオロギーを、異なる言語や文化、人種の上に覆い被せて、ひとつにまとめようとすること**です。これはたとえば民主主義や資本主義、共産主義、ファシズムが提示する家族観や倫理観などがそうで、民衆がそれに染まると、地域や家庭で育まれた常識や慣習を時代遅れで抑圧的に感じるようになり、進んでイデオロギーが指し示す生活様式や行動様式に変更し、地域や人種を超えて結びつこうとします。こうした**精神的、物質的な完全統一を目指す国を「帝国」と呼ぶ**点で、どのケースも一致しているのです。これを現代日本にあてはめると、「日本人の生き方」や「日本という国のありよう」を真剣に考えた場合、アメリカのイデオロギーに組みこまれた戦後の民主主義体制を否定し、現在のアメリカが推し進めるリベラル・デモクラシーやグローバリズムから距離を取るという結論に必ず到達します。これは異なる方程式（イデオロギー）に同じ変数（「男女」とか「国家」といった言葉）を組みこんでも、出てくる答えが全然異なるようなものです。それは文字通り、アメリカに対する反逆と独立を意味しますので、**日本人が道徳や伝統思想を深く考えることは、実は政治的にセンシティブで危険な行為な**のです。

中国の場合、その**イデオロギーが秦の法家思想**であり、また**漢以降の儒教**、そして**現代では共産主義**でした。中華帝国が地域横断的に募集された官僚たちによって、時空を超えて適用可能な礼を開発していくことは、文字通り「帝国」を建設する行為に他ならないのでした。

「中華」という思想

中華帝国の世界観は、周辺諸国に対して圧倒的優位を保っている間は何の問題もありませんでした。しかし、**周辺諸国が中国に並ぶ、あるいは優位に立った場合、この世界観は一気に崩壊します**。何故ならば、周辺諸国に対して優位な内は、本来なら全世界を支配すべき皇帝が、遠すぎる地域に王がいることを認めてやっている、として国内向けにその矛盾を処理できたのですが、優位が覆された場合、ばらばらの言語や文化が寄せ集まっている国内の各地域に対して、皇帝権威がフィクションに映ってしまい、内乱の危険性が高まるからです。

この問題はもともと漢の時代から存在し、周辺諸国を最終的に統合すべきか、それとも並存すべきかという国家方針について、経書の注釈を利用しながら議論してきました。最終的にはいくつかの国家方針を別々の注釈に入れ込み、状況に応じてどれかをイデオロギー化できるようにしていたのですが、魏晋以降になると、周辺の異民族が中国に進出し、それぞれの国を作って漢の後継王朝を自称しました。さらに宋になると、自国の文化を押し出した異民族国家が進出してきました。具体的には東北方面から遼《りょう》（９０７〜１１２５）と金《きん》（１１１５〜１２３４）、西北方面からは西夏《せいか》（１０３２〜１２２７）、そして宋の末期には北からモンゴル帝国が南下し、後に宋を滅ぼして元《げん》王朝（1271〜1368）を開くこととなります。

これによって政治的、軍事的、文化的優位が脅かされた宋では、中華帝国を維持するためのイデオロギーを早急に固める必要に迫られました。そこで行われたのが国史の編纂です。編纂にあたっては、正しい手続きが成立していなければ誰の如何なる政治行為も正当性を認めないという基準で編集や批評が行われました。これを「大義名分《たいぎめいぶん》」と言います。これを厳格化することで、皇帝以下の全ての臣下に政治倫理を規定し、皇位継承で内紛が起きたり、あるいは革命や禅譲といった事件が発生したりすることを未然に防ごうとします。名分の規定には春秋時代の歴史が記述された『春秋《しゅんじゅう》』という経書を持ち出し、古代の政治事件に片っ端からチェックを入れて、凡例を組み上げていきました。また、『春秋』から「尊王攘夷」という標語を引き出すことで、周辺諸国との対決に文字通り思想的な大義名分を付与したのです。

慶暦士大夫たちが国史編纂に取り組んだのも、歴代王朝の国史編纂を通じて名分論を押し広め、中華帝国への忠誠を強化していくためでした。これは裏を返せばそれだけ周辺諸国による政治的、文化的な追い上げが始まっていたことを示しており、「中華思想」の本質は焦りにも似たコンプレックスというのが正しいのかもしれません。

【この章のまとめ】

◎官僚とは利益の独占を防ぎ、公正な利益分配をするための公僕である。

◎官僚が思想を持つことによって、国家は大きく牽引される。

◎「中華」が叫ばれるときほど、中国はピンチになっている。

第4章

なぜ保守と革新は争うのか——旧法党vs.新法党

前章では官僚について見てきましたが、現代でも組織を立ちあげると、まず設立理念や規約を作り、業務を分担していきます。組織が大きくなり、業務や人員が多くなれば、トップが全部把握して指揮することはできなくなるので、部局を設けて現場に権限を委譲するようになります。しかし、各部局がてんでんばらばらの方針で行動すれば、いきおいムダや混乱が多くなるため、各部局の代表が集まって全体の方針を話し合います。この時点でどんな組織でも役職制度が整備されますが、これは官僚制度そのものです。実際、近代的な会社組織は、官僚組織をお手本にして作られていますから、官僚の話はそのまま組織論につながっているのです。

さて、これで組織が上手く回りそうなものですが、各部局の代表はそれぞれに経験や直面する問題が異なるためまとまらず、最悪、派閥ができるようになります。ドラマやマンガなどで、企業や病院のポスト争いが面白おかしく描かれているのが良い例です。そうした時に必要なのは、各部局から独立して組織を俯瞰し、一貫した方針やプランを考える部局です。現代では内閣府や事業本部がこれにあたります。こうした部局では、常に大きな方針を定め、それに沿ったプランを企画して各方面の調整にあたります。ところが、それでも結局は、現場を知らないとか空論だとか批判を浴びるので、なかなか組織はまとまらないのです。

中国でも歴史的に同じ問題に苦しみましたが、その対処法も現代のあらゆる組織と同じく、常に制度改革という形をとって現れます。しかし、改革には必ず反発がつきもので、反対する勢力が存在します。現代日本ではそうした勢力は「抵抗勢力」などと呼ばれ、既得権益集団のように扱われたこともありましたが、彼らも改革自体に反対した訳ではありません。そこで、**改革とは結局何をすることなのか、そして何故それに抵抗する勢力が現れるのか**、思想的に深掘りしてみましょう。

1 王道政治の後継者——王安石の新法改革

既得権益にメスを

慶暦士大夫による改革は、主に崩壊した律令体制を整理再編することでした。律令体制については第3章で説明した通り、君臣関係や家族関係の規範から、官職制度や家族制度、政令、刑罰までを全て法に明記して運用する体制になります。したがって、整然と組織化された律令に沿って各部局が仕事をすれば、それぞれの機能が発揮されて、期待される成果が得られるはずでした。明文化されている法は、個別の問題が発生するたびに施行細則を増補し、対策用の部局を設置することで、プラグマティックに運用できました。実際、律令体制を作り上げた唐は強大な国力を手に入れており、アジア最大の帝国として政治的、文化的首位に君臨しています。異民族や異文化に寛容だった唐は、礼についてかなり緩い部分があり、その分、律令の改変によってカバーしていた「現場主義的」な帝国でした。これには往々にして特権をふりかざし、例外を作り続けた貴族の影響もあります。

しかし、ここで問題が発生します。エラーに対応して「改革」し続けた結果、同じような役職が誕生し、当初設置された官職が有名無実化してしまったのです。それならさっさと合理化すれば良いと思いますが、科挙の実施によって官僚が増え続けると、これのポストを用意しなければならないため、ポストは減らされることなく存続し、給金は膨れ上がりました。こうして際限なく増加するムダな人員とポストを「冗官《じょうかん》」と言います。現代でも、問題に合わせて役職や部局を新設し、事業拡大を見越して雇用を続けた結果、組織が肥大化、複雑化しすぎて身動きが取れなくなるという現象です。しかも、こうした役職や部局には既に多くの人員が配属され、かつそれに付随するさまざまな権利関係や人間関係、あるいは慣習的な役得や手当が紐付いており、一般庶民に至るまで、それを織り込んだ経済生活を営んでいます。したがって、迂闊に手を出すと多くの人生を狂わせるため、なかなかメスを入れられずにどんどん行き詰まっていくのです。これが「既得権益」と呼ばれるもので、正規の手続きとは別の、暗黙のルールとして社会に存在します。

さらに当時は周辺諸国が強大化し、宋は防戦一方に追いやられたため、銀や絹などを毎年献納することで、なんとか軍事衝突を回避している状態でした。防戦となるとこちらで決戦地点を選べないので、重要拠点に片っ端から兵を貼りつけなくてはなりませんから、将校や兵隊の装備費、その他必要物資にかかる軍事費も天井知らずでかさみます。こうしたムダな経費は「冗費《じょうひ》」と言います。冗官冗費がじわじわ増えてくると、景気の良かった初期はともかく、いずれ破産することは目に見えていましたから、何はさておき、冗官、冗費を合理化しなくてはなりませんでした。そこに現れた次世代の官僚が王安石です。

中間層を救済せよ

王安石は科挙を通過した後、みずから地方勤務を願い出た変わり種で、16年間にわたって財務能力を磨いた後、改革についての提言が認められて中央政界に登場します。彼は当時政界の元老になっていた欧陽脩らの輿望《よぼう》を担って政治に取り組みますが、皇帝の抜擢を受けて副宰相になると、「制置三司条例司《せいちさんしじょうれいし》」という改革本部を設置し、若手官僚を集めて空前の大改革を断行します。そこで発布された法を「新法《しんぽう》」と言います。

さまざまな問題が山積する中、それら全ての要因となっている病弊を取り除くことを考えた王安石は、ターゲットを絞り込みます。そのターゲットとは大商人と大地主でした。当時、大商人や大地主は豊富な資産を背景に、中小の商人や農民の経営を妨害し、経営が苦しくなったところで高利の貸付けを行って、彼らを破産に追い込んで吸収していました。また大商人や大地主はみずからの欲を満たすため、山林や河川を乱開発して破壊していたほか、子弟を教育して官僚にすることで、政界にも強いつながりを持っていました。したがって、これを一網打尽にしてしまわねば、いくら個別の問題を処理しても意味がないと考えたのです。

こうした意図で作成された新法は、財務に優れた王安石ならではのものとなりました。まず、予算編成を厳格化して、国家が必要とする物資の量を年度ごとに算出します。続けて全国の相場を見ながら、政府が直接売買を行います。そうすると、国家という最大の資本家が全国の市場に介入するため、大商人は意図的な物流操作による価格操作ができなくなり、結果的に全国の商品価格が安定して、円滑な流通が達成されるのです。これを「均《きん》輸法《ゆほう》」と言います。続けて、中小の農民に対し、田畑の植え付け時に低利で貸付を行い、収穫時に返納させる「青苗法《せいびょうほう》」を施行し、中小の商人には一定量の商品を国家が買い上げて売り上げを保証し、経営に必要な資金を低利で供給する「市易法《しえきほう》」を定めます。さらに、公共インフラである山林や河川の改修を行う「農田水利法《のうでんすいりほう》」、地質検査によって農地をランク分けし、租税を減免する「方田均税法《ほうでんきんぜいほう》」によって、徹底的な中小商人と農民の保護育成を図りました。また、租税の運搬業務は義務でありながら国民の自弁であり、大変な労力と金銭的な負担となっていました。このため、この義務がない都市への移住が加速し、地方の衰退と産業の停滞が深刻化します。そこで、都市民を含めて銭を出させ、その銭を元手に希望者に業務委託する「募役法《ぼえきほう》」を定め、地方の莫大な負担を撤廃して、実質的減税を推進しました。

加えて、冗費の大きな要素であった国防費を合理化するため、国防軍の規模を縮小し、練度、装備共に充実した精鋭を養成する「将兵法《しょうへいほう》」を定め、これを機動部隊として決戦に備えます。また、各共同体で普段は働きながら、定期的に訓練を施し、戦時には動員されて地元の防衛に従事する「保甲法《ほこうほう》」も定めました。この他、当時軍隊に必須の軍用品であった軍馬に関しては、農民に官馬を貸出して普段は耕作に使いながら飼育させ、戦時には徴発する「保馬法《ほばほう》」などを用いて、90％の経費圧縮を目指しました。結果、攻守双方に柔軟な運用ができる国防体制を目指したのです。

国民経済を再建せよ

王安石は、大商人や大地主のような大資本が成長すると、その他の国民は必ず克服不能な格差を強いられて貧民化し、国力が低下すると考えていました。その分、大資本が納税をすれば国庫は潤うのではないかとも思えますが、実際に大資本は、一門から官僚を輩出し、その特権であった免税権を行使するため、冗官の増加に比例して、納税額は目に見えて減少していました。むしろ国家経済の基盤は、中小の商人や農民であり、彼らが中間層として成熟することによって、より安定した経済成長や人口増加、そして地方再生に伴う風紀の向上が起こります。また教育の機会が広く国民に開かれることで、風紀の良さが官界にも作用して、官僚の質が上がるのです。特に官僚の質向上は、慶暦士大夫たちもさまざま努力してきたことでしたが、王安石はその母胎を大資本からより広い国民に拡げることで解決できると睨んでいました。したがって、大資本に対する経済戦争に勝ち抜くことが、何よりも急務なのでした。

そんな王安石は、政治とは財務を掌握すること、すなわち「理財《りざい》（財を理《おさ》める）」だと言い、緻密な予算編成によってお金の流れを支配し、国のあり方を変革していこうとします。つまり、新法とはまず、大資本の抑制による市場の健全化と中間層の保護育成ということになり、その過程で公共インフラの整備や、中小の商人や農民に対する保障などに多額の投資を行うことで民富の育成と風紀の向上を達成し、回り回って税収向上を目指していくことに主眼がありました。民富に対する積極財政は、理財の大きな特徴です。王安石はこのことを「天下の人々によって、天下の資産を生む」と表現しています。

ここまで読んでお気づきの方もいるかと思いますが、経済政策によって民富の育成や風紀の向上を実現し、総合的な国力増強を図るやり方は、孟子と非常によく似ています。事実、王安石は、**大多数の人は経済状況で価値観が変化しやすく、中間層の崩壊が風紀の頽廃を生んでいると指摘**し、経済政策によって国民の自律的な風紀改善を図るべきだと主張しました。そして、これまであまり評価されていなかった『孟子』を経書に昇格することで、その王道政治を顕彰します。まぎれもなく王安石は孟子の後継者だったのです。

2　理論と輿論の対立

改革の本丸

王安石は、経済政策と並行して官職制度の改革に着手します。これは、法の改革であると同時に、礼の改革にも着手したことを意味します。この当時の官職制度は「三省六部《さんしょうりくぶ》制《せい》」と言いました。これは、皇帝の詔勅（政策）を起草する「中書省《ちゅうしょしょう》」、その内容を審査する「門下省《もんかしょう》」、そして決裁内容を執行する「尚書省《しょうしょしょう》」の三省が、国家の最高意思決定機関である宰相会議を構成し、具体的な執行は、尚書省の支配下にある「吏部《りぶ》（人事）」、「戸部《こぶ》（財務）」、「礼部《れいぶ》（祭祀、教育、外交）」、「兵部《へいぶ》（軍事）」、「刑部《けいぶ》（司法）」、「工部《こうぶ》（建築土木）」の六部が行うというものです。この制度は唐の時代に完成しましたが、その淵源は漢にあり、『周礼《しゅらい》』という経書にもとづいて考案されました。

『周礼』とは、周の官職制度についてまとめられたと言われる経書ですが、あまりに整然とした機構のため、果たして本当に周がこの制度を持っていたかは疑問視されています。しかし抽象的に整えられた設計図は、特定の時代にしか必要とされない部局が少なく、どの時代にも通用する部局を配置することで、普遍的な制度設計ができたのです。普遍的であるということは、人間が社会を作って運営していく上で、常に必要とされる事務手続きが完備されている訳ですから、その組織があるだけで、基本的な運営がスムーズに行われることを意味します。つまり、人々が「健康で文化的な最低限度の生活」をする基盤があるということです。ところが、前述の通り、問題が起こるたびにそれに対応する役職や部局を設置したために、三省六部制はほとんど崩壊していました。それは、人々の生活にもさまざまな障害が発生することと同義で、当たり前のように存在する公共インフラや行政サービス、果ては雇用や賃金、日用品の価格までもが崩壊する結果となります。

そこで王安石は、三省六部を復活しようと試みますが、これは単なる復古ではありません。現場からの言いなりで闇雲にお金を出して費目を増やすと、会計が破綻するばかりか経営状況が分からなくなるのに対し、完備された会計システムがあってこそ、当該年度決算で変則的なお金の流れから問題のありかをつきとめ、次年度予算を通じて業務に修正をかけていけるのと同様、制度はまず大枠の統治システムが完備されてこそ、不測の事態に対応しつつ一貫した施策が打てるという考えで、三省六部制はそれだけ余計なものがない、シンプルで完成された制度だったということです。財務に優れた王安石からすれば、会計と同様、制度を徹底的に合理化すれば、個別の問題を未然に防げることは自明でした。したがって、制度改革は正しく改革の本丸だったと言えます。

ここで重要なのは、王安石の制度や政策に関する議論は、まず問題があってそれに対応しようと編み出されたものではなく、そもそも確固たる思想があって、問題をその文脈で解決しようとしたことです。王安石は、天地自然が体系立って世界を形作れば、おのずから万物は生き生きと共存しているように、制度もまた体系立っていれば、おのずから人々は健全な生活を送るという、礼の基本的な考えがまず先だって存在していました。これを如実に表した議論として、天地の祭祀に関しては、皇帝が天地と感応するような呪術的な儀式ではなく、国家が天地の体系を写し取り、天地の法則を理解していることを示す儀礼（セレモニー）を行うことこそ大事だと述べています。要するに、天地の体系を規範（礼）として、それを写し取った制度や政策（法）を定めることこそ、政治の全てなのです。したがって、王安石のあらゆる改革は、絶対普遍の「ひとつの制度」を確立する作業に他なりませんでした。

道徳を一にする

箱ができたら中身を充実させなければなりません。そこで次に行われたのが科挙改革と学校改革です。科挙についてはこれまでの詩文や経書の丸暗記ではなく、論文試験によって思考能力を測る方向に大きく舵を切りました。そして学校改革では「三舎法《さんしゃほう》」という政策を実施します。これまでは科挙の一発試験が主流であったため、学校制度はあまり重んじられていませんでした。そこで王安石は、学校教育における過程を重視します。三舎法では、国立大学の定員を増加し、学生は「外舎《がいしゃ》」に収容されて教育を施され、試験に合格すれば「内舎《ないしゃ》」に移り、さらに平常試験と卒業試験に通ると、科挙のトップ合格者と同じ待遇で仕官できるというものです。

さらに、王安石は『周礼』『詩経』『書経』（この頃『尚書』は『書経』と呼ばれるようになります）に注釈を入れ、彼の制度論や世界観を著した『周礼新義《しゅらいしんぎ》』、『詩経新義《しきょうしんぎ》』、『書経新義《しょきょうしんぎ》』を成績判定基準に用いました。これは、新法改革を進めていく上で、官僚となる人材が表面的な事務能力だけでは役に立たないため、王安石の考える官職制度の体系を理解し、それぞれの役職に求められている機能や意義、そしてそれらが結びついて国家全体をどのように動かすのか学ばせるためです。こうすることによって、めいめいが勝手な国家観や世界観を持ち、支離滅裂な制度改革をくり返すことを防止できますし、また官僚たちは、全体の中の一部として、持ち場の機能を最大限に引き出す「公僕」としての職業倫理を備えると考えたのでした。

王安石は他に『字説《じせつ》』を著します。これは、漢字の意味について解説した字書のような書物ですが、王安石は、古の聖人が天地自然のありようを写し取り、その組み合わせによって天地の体系を表現した記号こそ漢字であると考え、偏と旁を分析してそれぞれの意味を説明しています。要するに、正しい漢字の意味が寄り集まると、個々人の思い込みによる歪みが修正されて、世界の正しい姿が浮かび上がるという発想です。その漢字を用いて聖人が書いた経書は、天地の体系に則って、人間社会のあるべき姿を表現したものになるはずですから、それを読み解けば、個々人の思い込みによる歪みが修正されて、おのずからあるべき制度の体系が浮かび上がってきます。これは、『字説』にもとづいて経書を読解すれば、『新義』のような解釈にならざるを得ない、という学術的な布石にもなりますし、『字説』にもとづいて考案された王安石の制度体系は、おのずから天地の体系と照応していると正当化することになります。つまり、王安石は問題を観察し、対処を考える作業において、個々人の使う言葉が混乱しているから意見の食い違いや間違いが起こると考え、言語レベルで共通理解を推し進めることで、官僚たちの意思統一を図り、安定した制度を確立、運用しようとしたのでした。

こうして育成された官僚たちは、思想を共有して積極的に役割分担を行い、明文化された手続きを守って、全体に奉仕する職業倫理を備えます。これを王安石は「道徳をひとつにする」と言いました。これを徹底するために、官僚が私的に雇用していた「吏《り》」（事務職員）も国家の雇用に組みこみ、彼らの賃金を支払うことで、公然と慣例化していた賄賂を禁止し、統治システムからはみ出る既得権益を徹底的に排除しました。

新法改革はめざましい効果を挙げ、既得権益の排除による経費削減と、中間層の所得向上による税収上昇が、積極財政と実質的減税による事実上の支出上昇を上回ることで、慢性的な財政赤字から脱却し、国庫には山のように金銀が積み上がったと言われています。そして、国防軍は進出してきた周辺諸国を撃退し、一時は積極攻勢による領土回復にも成功しました。皇帝の信任を得た王安石は、みずからを支持する官僚たちと共に次々と改革案を上程し、試験的に一部地域で新法を施行して効果を計測しながら全国展開したり、あるいは批判に対しては何度も修正案を提示したりしながら、丁寧かつ果断に国家再編を目指していきます。

ただ、ここまでくると全体主義的色彩が濃くなってきます。当然それには猛然とした反発が巻き起こりました。そうして結成された反王安石の派閥が「旧法党《きゅうほうとう》」です。

輿論と人情

旧法党は反王安石でまとまっていたため、王安石率いる「新法党《しんぽうとう》」のような思想的統一はありませんでした。ここには既得権益を守りたいだけで反対した、大資本出身の官僚もいれば、欧陽脩や文彦博のような元老、司馬光《しばこう》（1019～1086）や蘇軾《そしょく》（1036～1101）といった中堅から若手官僚、そしてもともと「制置三司条例司」に所属していた若手官僚で、後に王安石に批判的になった程顥《ていこう》（1032～1085）、蘇轍《そてつ》（1039～1112）まで含んでおり、彼らは皇太后や宦官の後ろ盾を得て、皇帝に新法撤回の圧力をかけていましたから、官界を挙げての巨大勢力を形成していました。

旧法党もまた、財政については経費削減を提案し、科挙の改革による教育改善を主張していましたから、何から何まで反対して旧態依然とした体制を維持しようとしたのではありませんでした。では、既得権益を守りたいだけの官僚たちはさておき、欧陽脩ら名だたる官僚たちは、何故王安石に反発したのでしょうか。問題は、王安石の言論封鎖にあります。前述の通り、王安石が「道徳を一にする」過程で行った『字説』や『新義』の流布は、官僚たちから世界観や政策論について議論する余地を奪うものでした。しかし、そもそも宋の官僚は「士大夫」であり、文化人と政治家を兼ね備えた存在です。したがって、彼らがそれぞれの思想を持ち寄り、議論を戦わせながらより良い社会を目指していくことは、彼らの存在意義そのものと言っても過言ではありません。言論封鎖はそんな彼らの存在意義を真っ向から否定するものに映ったのでした。

言論が否定されることには、さらに重大な問題がありました。時代をさかのぼると、官僚が登場した漢の頃には「天譴論《てんけんろん》」が盛んに説かれていました。これは、悪政に対して天が自然災害を起こすという考え方ですが、この議論の狙いは、天の権威を借りて官僚が皇帝を諫める権利を獲得することにあります。つまり、皇帝権威の確立と同時に、言論の自由を確保することで、いずれにも偏らない権力バランスを維持しようとする政治文化があったのですが、言論封鎖はその政治文化をつぶして、独裁への道を開いてしまうのです。

では何故、独裁がいけないのでしょうか。それは、中国の伝統的な政治思想である「輿論」が天命を表すという考え方が大きく作用しています。この考えでは、人々が政治の善し悪しを感じ取る心、すなわち「人情」に配慮し、より多くの人が納得する政治を行うためには、常に言論を開き、その声に耳を傾け、より多数の声を採用しなければならないのです。旧法党の官僚たちはおしなべてそうした思想を持っていましたし、欧陽脩などはこの「人情」を軸に経書を読み解き、また政治においてもたえず「人情」に配慮した言論を展開することで士大夫たちをまとめあげていました。そんな欧陽脩はまた、経書解釈を通じて「禅譲」や「放伐《ほうばつ》（革命）」といった政治オプションを否定し、できるだけ調和した問題解決を政治の基本としましたから、「禅譲」や「放伐」を否定せず、技術的な経済政策を行う孟子の王道政治、ひいては王道政治を継承する新法を激しく批判します。

慶暦士大夫たちもまた、歴代の議論や前例である「祖法《そほう》」に配慮して、行きつ戻りつしながら施策をくり返すことで、国家をまとめてきたのです。つまり、言論とは、それ自体が人情を汲みとりながら利害を調整する政治行為そのものであって、そうした旧法党の官僚たちからすれば、王安石が王道政治まがいの経済政策を次々と施行し、天地の体系を知って制度体系を組み立てたなどとは言語道断の僭越であり、また、輿論を無視した独断は、畏れを知らぬ暴走でした。

3 「保守」と「革新」――原始的な気質

政治と人間性の関係

これに関連して問題なのは、王安石が「徳」を重視していないように見えたことでした。徳とは第2章で解説した通り、礼にふさわしい言動と心構えを言います。ちょうどこの頃は、宋の礼についてまとめた『太常因革礼《たいじょういんかくれい》』が編纂された時期でもあり、そこに積み上げられた前例や慣習、それに付随する人間関係に配慮することが重視された時代でした。配慮するということは、先人の苦心や同時代人の思惑にも見るべきところがあると謙虚な気持ちで臨み、それらの長所短所を想像し、その上でどの程度まで自分の考えを押し出して、どの程度まで軌道修正できるか、じっくりと考えることを意味します。これができる人を「徳」のある人と呼ぶのです。

前述の通り、既得権益と一口にいっても、役所や企業の業務はつながっており、一般庶民の慣習的な役得や手当といったものまで含みます。これはいわば、スキルス性のガンみたいなもので、片っ端から額面通りに撤廃すると、経済生活が破綻する危険があるものです。したがって、国民生活の中から工夫されて生まれてきた、慣習的な役得や手当には手をつけず、社会を蝕む癒着や不正を上手く摘出する必要があります。こうした時に必要なのが徳で、要するに、その作業そのものが、謙虚さ、誠実さ、思いやりといった人間性がなければできないことです。したがって、そうした**徳を備えた人でなければ、必ず独断専行で国家を私物化し、キャラクター先行のパフォーマンスばかりが尊ばれ、結局は新しい制度を悪用した、新しい既得権益集団が生まれるに過ぎないと考えられた**のでした。

こうした観点から元老であった韓琦は、官僚の人間性を問わなければ、青苗法を悪用した不正取引が起こることを指摘し、中堅の司馬光は、王安石の側近から悪人が出て寝首をかかれると忠告しました。若手の蘇軾などは、科挙で如何に優れた論文を書いたとしても、議論と人間性の食い違いは避けられないと批判しています。

政治における人間性が問題になると、それはかつて孟子や荀子が議論した「性（生まれつき）」の問題をクローズアップします。もともと中国では、統治者である王や政治家、そして被統治者である国民も含めて、そもそも生まれつき人間とはどのような存在であるかがたびたび議論されてきました。性が善であれば、教育によって人々が自律的に社会を作り上げることを重視し、悪であれば刑罰によって人々が従順になることが重視されます。

要するに政治の方向性を決めるために人間観を確定したのです。この議論は長い時間をかけてさまざま議論されましたが、結果的には「性三品説《せいさんぴんせつ》」、すなわち人間にはそれぞれ生まれつき善、生まれつき悪、そのどちらでもない三等級があって、大多数はどちらでもないのだから、規範や制度を用いることで、無意識レベルで価値観を統一するのが良いと考えられました。孟子の性善説は人間に過度の期待をしており、土台無理な理想論だと退けられます。

その他には「性善悪混説《せいぜんあくこんせつ》」、すなわち1人の中に善悪がどちらも存在するという考えや、「性無善悪説《せいむぜんあくせつ》」、すなわち性が善か悪かは判断不能という考えも出てきます。司馬光などは「性善悪混説」を説きますが、1人の中に善悪が存在するならば、それをコントロールするのは自分であり、謙虚な心持ちで伝統を遵守し、伝統に自分をはめ込んでいくことで、先人の知恵や善良さを吸収して、善を養うという考えが強まります。これは各人の修養が社会を良くするという考えで、これまでの政治前提の議論とは微妙なズレを生んでいます。

人の本性はブラックボックス

対して性無善悪説は、性が善か悪かは分かりっこないという考えです。人間が自分の心を見つめたところで、感じ取れるのは自分の情（感情）や欲に過ぎず、そうした情や欲を生み出している心を、客観的に分析することは不可能、言い方を換えれば、心は確かにあって働いているものの、その中身は分からない「ブラックボックス」だということになります。これを説いたのは蘇軾と王安石になりますが、両者は全く異なる結論に向かいます。

蘇軾は、数多くの問題や事件が起こり、喜怒哀楽にもんどりうつばかりの人生において、そこから離れて自分を客観視することなど土台不可能だし、ましてそんなものは人間でもなければ、そんな人間によって作られる社会など偽物だと考えました。したがって、あらかじめ問題や事件が起こらないようにする考えが間違っているのであって、そうしたことを1つ1つかみしめながら、人生や社会をしみじみと受け止める感性を磨くことが大事だとします。この場合、単なる好き嫌いで感情的に対処してばかりでは、外的な刺激に機械的な反応をする動物と変わりありません。よって、1つ1つの問題や出来事、それにまつわる人や自分の感情の機微、物事の微妙な移り変わりを繊細に感じ取ることで、自分の中で物語として組み立て直し、味わい尽くす感性が必要となります。そこで蘇軾は詩文を再評価し、そうした文学的感性を磨くことが社会や人間に通じた官僚を生み出し、世の中を良くすると主張したのでした。

王安石も蘇軾と同様に、自分を客観視することは不可能だと言いますが、そこからの議論がまるで異なります。彼は一人ひとりの人間に対して彼は善人、彼は悪人といったように、人間性を評価することはそもそも不可能であるとします。つまり、人間が他人の人間性をとやかく言うこと自体が間違っているのであり、社会的な言動だけが問われるべきだと言ったのです。したがって、誰にでも分かる制度が整えられ、職責が明示され、はっきりと言語化された職業倫理を共有することこそが必要だったのです。

そうすると、一見して全体主義的な匂いを感じる王安石の議論は、全く異なるニュアンスを持ち始めます。つまり、王安石はそもそも人間性を問題にできないのだから、人間の内面を支配することも不可能だと考えていた訳で、そんなあやふやな人間性に信頼して、そもそも物の見え方、考え方の異なる人間が集まって議論したところで、物事が解決するはずがないのです。したがって、国家という枠組み、官僚という職業、政治という業務について、そこで用いられる共通言語を整えることで、公的な場では、全員が同じスタートラインからルールを考えられるようにすれば良くて、私的な場には介入すべきでないと考えたのでした。

再生とエネルギー

新法党と旧法党は、人間観から礼や制度のあり方まで、徹底的に対立しました。これを現代で言うと、**一貫した理論にもとづいて社会改革を推し進めていく「革新」**と、**伝統と慣習にもとづいて社会改良を行っていく「保守」**の対立構図によく似ています。この言葉は、フランス革命（1789）以来、人民に権利を解放する「近代主義」と、王の権利を重んじる「保守主義」、そしてそこから派生した「左派」（人民や平等を重視）、「右派」（国家や伝統を重視）といったイデオロギーから生まれた西欧思想の言葉ですから、厳密に言えばこの分類は適当ではありません。しかし、現代日本でこの言葉が用いられる場合、「左の保守（漸進的改革を説く左）」「右の革新（急進的改革を説く右）」などが出現して入り乱れるように、イデオロギーとは別にこのような態度が存在するのです。

そうすると、現代日本でも宋でも、革新と保守の対立は、「人民対国家」「平等対伝統」のようなイデオロギー対立とは別次元の、原始的な気質（性格）の対立と捉えた方がしっくりきます。中国ではこのような態度は、個々人の「気質」の一言で片付けられ、思想としての言葉を与えられませんでした。むしろ、そうした気質はいずれも偏っており、「徳」や「礼」によってそれらをどのように修正し、統合するかということが考えられます。これがこれまで見てきた旧法党と新法党の批判合戦です。

山崎豊子《やまさきとよこ》（1924〜2013）の『不毛地帯《ふもうちたい》』では、個人商店から大きくなった商社が、元大本営陸軍部作戦参謀に依頼して、参謀本部をベースにした事業本部を設置した結果、日本を代表する国際的な総合商社へと成長していく様子が描かれています。事業本部が推進した改革によって、この商社はすさまじい勢いで成長を遂げるのですが、その反面、生え抜きの社長や役員たちが作ってきた、これまでのやり方を否定することとなります。こうして改革か伝統かの対立ができる訳ですが、生え抜きや古参も改革自体には反対しないと言います。つまり、保守も革新も組織の再生は必要だと認めている訳で、「改革」とは選択肢ではなく、常に必要とされる組織の再生であると考えるのが妥当でしょう。そして改革そのものは棚上げされて、特定のイデオロギーと関係なく、結局は一貫した理論にもとづく「革新」か、前例や輿論に配慮した「保守」かという対立軸に落ち着くのです。これは、ビジネスの世界においても、革新と保守という気質の対立が適用される良い例です。

そして、これが現代政治のレベルになると、**理論の公正さに重きを置く革新は、上位層が主導する改革に貴族的な格差拡大を嗅ぎ取り、中間層とそれに付随する中小資本を重視して国家介入を志向しやすく、伝統の知恵に重きを置く保守は、中間層に平均化していく**

改革に革命的な伝統破壊を嗅ぎ取り、上位層とそれに付随する大資本を重視して自由放任を志向しやすいという違いが生まれます。保守は右に親和性を持ち、革新は左に親和性を持ちやすいものの、実際には**国家介入による中間層の保護が国家を強くすると信じる右や、規制緩和による自由競争が平等を実現すると信じる左**がいますから、やはり左右のイデオロギーとは別次元の問題です。

大切なことは、今も昔も仕事の進め方に対する気質の違いとして「保守」と「革新」があり、それらが対立しながら組織や社会の再生、すなわち「改革」を続けているということです。これは複数人が集まる組織全てに適用される原則であり、たとえば家庭でも、これまでのやり方を大事にして、一々皆で相談しながら進めていきたい人もいれば、一貫した段取りを組んで役割分担し、めいめいの持ち場で規則的に片付けたい人もいます。会社でも、現場の状況や人間関係に応じて柔軟に方針を変えたい人もいれば、一貫した事務手続きや経営理念に則って合理的に業務を遂行したい人もいます。これなども前者が保守で、後者が革新だと言えるでしょう。この対立が摩擦を生む一方で、互いの批判や折り合いを通じて新しい局面を作っていることに着目すれば、このバランスを見ながら対立を生産的にエネルギー転換していくことが政治の本質であり、改革はここではじめて成功すると言えるのです。
しかしながら、**保守と革新が人間の原始的な気質である限り、折り合うことは至難の業**です。対立はお互いの人間性を否定するような格好となり、みずからの正当化を図るイデオロギーを強化して、相手を根底から否定した結果、憎悪や闘争へと発展します。この負のエネルギーが増幅した場合、組織は分断され、衰亡していくのですが、それは宋も例外ではありませんでした。ここで中国思想はさらなる大転換を遂げることとなります。

【この章のまとめ】

◎「改革」とは家庭から国家までを含む、組織のたえまない再生作業である。
◎改革には「革新」と「保守」という人間の気質が作用する。
◎保守と革新の対立はエネルギーとなり、組織を再生もすれば破壊もする。

第5章

なぜ日本人は独創性がないと言われるのか——北宋五子と道学

旧法党が人間性を問題にしたことは、政治と人間の関係に、大きな転換を引き起こします。それは、イデオロギーや規範といった、国家が上から箍《たが》をはめていく形での安定ではなく、孔子が「君子」と言い、孟子が「士」と言って表現した「個」が、下から社会を組み立てていく形での安定が考えられはじめたことです。たとえば、現代の我々が人生の不安や悩みに直面した時、それが少なからず経済や流行に関係していることから、「政治が良くならないから幸せになれない」「価値観の変化が著しいからついていけない」などの愚痴につながりやすく、場合によっては政治批判、社会批判によって不満を解消しようとすることがあります。これは一面において至極もっともですが、もう一面では極めて矛盾した態度です。何故なら、強い不満や要望があるにもかかわらず、**自分とは異なる利害を持つ人々が、自分の意図に沿った状況を望んでくれるのを待つ**、あるいは**自分は変わらないのに、他人やその集合体である社会を説得して変化を求める**という、恐らくは**宝くじに当たるよりもっと低い確率の奇跡に、人生を懸けている**からです。

それよりも確実なのは、自分で納得のいく人生を作り上げ、手の届く範囲から居心地の良い人間関係や仕事環境を整備することです。そのためには、社会で良いとされている価値観を無批判に信じることなく、一から洗い直して選び出し、失敗し修正しながらとにかく「個」を確立するしかありません。この時に必要なのが思想、すなわち考えることです。したがって、流されるままに生きない人生は、大いに独創的なものとなります。そうすると、日本人批判にありがちな「独創性がない」という話も、勤勉さや従順さと裏表をなしている、家庭や学校で教えられる規範に沿い、新聞やテレビ、ネットで用意された枠組みの中でのみ、意見や趣味を持ったりする性質が、原因なのかもしれません。

つまり、今も昔も、政治や社会が与える安定と、「個」が組み立てる安定が存在し、最後の最後は自分で考えるしかないということでは共通しているのです。そこでここでは、士大夫たちがどのようにして心のありようや生き方を考え、選び取ってきたのかについて見ていきたいと思います。

1　家族と生きがい――工夫論の発生

やりがいを生む物語

現在では、学問や実践によって人間性を問い直し、より良く変化するための作業を

「(自己)修養」と呼びますが、この言葉は日本の明治以降、西欧の「self cultivation」を翻訳した言葉で、明治以前は「工夫《くふう》」と言います。これはもともと宋の時代に使われていた話し言葉で、時間をかけてじっくりと物事に取り組むことを表していました。それが士大夫たちによって儒教の用語となり、冒頭のように意味が変質したのです。

人間性を磨くといっても、漠然とした感は否めません。それというのも、現在生きている社会に息苦しさを感じ、自分の人生に満足していない人間が変わろうとする場合、変わりたいという気持ちはあっても、苦痛ばかりが先立って、何をしてどこに向かったら良いのか分からないからです。そうした時は、努力の先にある人生や環境の変化をイメージして「やりがい」をかきたて、努力目標を設定する必要があります。ここにおいて、目指すべき理想の世界、すなわち世界観が語られるようになりました。

この土壌は、宋が始まった頃から準備されていました。当時、相次ぐ戦乱によって、同一祖先を持つ父系一族が大家族を形成し、同一地域に集住する家族形態である「宗族制《そうぞくせい》」は崩壊していました。そこで、范仲淹が父系一族を再結集して「義荘《ぎそう》」と呼ばれる共有地を設け、その収益を一族の経済や教育の相互扶助に用いることで、宗族が各地で再興の動きを見せます。また、欧陽脩は宗族の家系図である「族譜《ぞくふ》」を編纂して序列を可視化し、司馬光は『孝経』を高く評価することで親子の精神的主従関係を強調し、『書儀《しょぎ》』を著して自家の冠婚葬祭儀礼を再設定しました。

こうなると、家族は核家族によって作られるプライベートな空間ではなく、一族が集まって政治的、宗教的、経済的に組織化され、規範を備えた1つの小国家とも言うべき存在となります。名門宗族は地域共同体（村や町）の顔役として運営をとりしきり、科挙合格者を送り出して官僚社会を構成しました。こうして中国は宗族を母胎として、地域共同体、国家がマトリョーシカ人形のように重なった社会構造となったのです。

この現象は、士大夫が貴族と異なり、経済的、人脈的な背景がないことに起因しています。つまり、彼らは宗族という小さな国家を形成し、規範になりきってプライベートを消し去ることで、礼を制定し、国家をとりしきる正当性を獲得しようとしたのです。ここにはもはや「公」しか存在せず、「私」は意識の中にすら存在を許されません。

そうすると、科挙に合格して官僚になるにせよ、地域共同体の運営に参加するにせよ、宗族の中の役割に従事するにせよ、常に個人を超えた組織の一員という政治意識が存在し、みずからの言動が組織の歴史を編んでいく、という宗族の物語が現れ、それが世界観となって「やりがい」をかきたてます。この空間では、立場や序列に応じた規範が既に用意されていますから、目の前のことをこなしながら、ふさわしいとされる心構えやスキルを学んでいけば、必然的に優れた人間性と政治手腕を備えた士大夫になれる訳です。

范仲淹らが宗族制を整備したのは、規範になりきった人材を宗族で育成し、彼らを国家に供給することで礼を制定するためでした。このことは、良質な官僚が形成する輿論を重視した、旧法党の政治思想を具体化すると同時に、宗族の物語が工夫の基盤となった事例になります。

ただ、司馬光が『孝経』を取り上げたことからも分かるのですが、宗族を地域社会や国家に結びつけていくやり方は、漢が『孝経』をもととして、家族関係を君臣関係に等しいものに秩序化し、国家全体を礼によって組織化しようとしたやり方に重なります。この場合、漢の二番煎じで同じ失敗をするのでは、という疑問が浮かびます。司馬光はこの疑問に対する解答を用意していました。彼の人生と思想からその解答を見ていきましょう。

秀才になった天才

司馬光は生まれつき利発で、一を聞けば十まで先回りするような子として有名でしたが、それを快く思わなかった父が司馬光に対して忠告すると、その理由をすぐさま察し、分かりきっていることでも敢えて手順通りに一から行って、周囲と異なる言動を控えるようになります。これには理由がありました。

たとえば学校で勉強を教わる際に、授業で教えていない解法で問題を解いた子供がいたとします。しかしながら、こうした子供が評価されることはありません。何故なら、学校が求めているのは、設定されたカリキュラムに従って、設定された知識を習得することであり、その知識を前提として社会が成立し、人々が生活しているからです。つまり、たかが一問題の解法や知識だとしても、それを組みこんでいるカリキュラム全体と整合性をつけられなければ、教育や学習に矛盾が起こり、ひいては社会が混乱します。そしてそれが習慣化すると、網の目のように設定された社会の「常識」に異を唱え、それを前提に生活している人々を暗に否定することになるため、悪気がなくても反感や悪意を持たれることになるのです。

これは単なる悪平等ではありません。たとえその「常識」が非合理的だったとしても、まずはそれを受容した上で周囲と問題を共有し、改めて皆で考えるという手続きを踏めば、周囲は自分が尊重されている義理から、少なくとも一度はその問題提起に耳を貸します。また、一旦はその文脈を受け止めることで、非合理的にしか見えないものでも、社会の中で果たしている意外な有効性にも気づくことができ、全体を俯瞰した多面的な改良策が見つかります。要するに、社会が皆で生きている場である限り、**ゆっくりでも皆が納得し、協力を得られる進め方をすることこそ「合理的」**なのであって、**全体を俯瞰せずに先走り、皆から反感を買って、何事もなしえない利発さこそ、実は「非合理的」**なのです。

このことに気づいた司馬光は、本当の意味で利発でした。彼は当時批判的に見られていた漢や唐の注釈をむしろ重んじ、多くの士大夫と議論した上で、独自の思想を展開します。そこにおいて司馬光は、天地の運行と歴史の進展を対照し、国家や人間が成長と衰亡のパターンをくり返しながら、少しずつ進歩しているという世界観を説きました。そして、このパターンでくり返される振り幅が、破滅に向かうほど極端になることを防ぎ、上手に乗りきっていくためには、その振り幅を俯瞰する「中《ちゅう》」という心の状態を保つ工夫が必要だと言います。中とはもともと子思（第2章既出）が著したとされる『中庸』に見える言葉です。ここでは天が極端にふれず、全てを公正に見ているような心を言います。この心を常に意識することで、日常に起こる出来事や、人々の思惑を受け止めることができ、社会の変動を調和しながら安定した進歩を促せるとしました。つまり、司馬光は父が示唆した生き方を、思想として理論化したのです。

人間性が政治を支配する

宗族の世界観にもとづいた工夫論は非常に厳格であり、規範になりきることで、自己実現を目指していこうとするものでしたが、このやり方は組織が定めた規範に善悪を委ねている分、その変化に激しくふりまわされるという問題がありました。

実際に漢では、「三綱五常」などのイデオロギーを背景に、さまざまな礼や学術を整備してきましたが、魏晋への王朝交替が起こって貴族制へと転換すると、学術は王朝交代と官僚の身分固定化を正当化する理論となり、礼が身分階層を確認する礼儀作法に変質して、規範に歪みが生じます。これは、明治維新や第2次世界大戦、バブル崩壊などによって、国や家族のあり方が変わると、急速に価値観が180度転換していったのと似た現象です。要するに、組織が不完全な人間の手によって作られている限り、規範もまた不安定で、無批判に依存するにはあまりにも危険なのです。宗族の世界観の問題は、正にこの組織や規範の不安定さにありました。

司馬光もこの問題には当然気づいていましたが、彼は前述の通り『孝経』を高く評価して親子の精神的主従関係を強調し、『書儀』を著して宗族の規範を再設定しました。さらに人は生まれつきその内面に善悪双方を持っているという「性善悪混説」を説きます。これは一見すると、既存の組織や規範を絶対化し、善悪ないまぜで不安定な個人に盲目的服従を要求してくる行為であり、やりがいと言ったところで、それは奴隷根性とも言うべきものになりますが、実際には真反対の展開となります。

前述の通り司馬光は、天地の運行と歴史の進展を対照し、国家や人間が成長と衰亡のパターンをくり返しながら、少しずつ進歩しているという世界観を説きましたが、これは天と人とを結びつける「天人相関説《てんじんそうかんせつ》」に属します。この対応関係を根拠として、天のような心の状態である「中」を意識する工夫を行うことが可能になりますが、この場合、個々人の心は組織や規範を飛び越えて、天と直接つながります。そうすると、宗族の世界観を根拠とした、規範になりきる工夫と、天人相関の世界観を根拠とした、中を意識する工夫が並列することになります。

天人相関の世界観を前提とすれば、宗族の世界観を支持し、性善悪混説にもとづいて規範になりきる工夫を行った場合でも、中を意識することで一歩引いた観点から規範を問い直して再生産し、組織を改良することも可能となります。つまり、天人相関の世界観は、組織や規範の絶対化に対する牽制としての役割を持っており、これは皇帝権力の絶対化を牽制し、官僚の発言権を獲得するための「天譴論」（第4章既出）と似た構造になっており、そこには規範に掣肘《せいちゅう》されない「個」が確立されているのです。この牽制がはたらくことで、規範と人間性の不安定さが同時に解消され、真に安定した組織が作られるという訳です。これは司馬光自身が国家や家族の一員として規範を受け止めながら、中を意識する工夫を進め、『孝経』の注釈や『書儀』によって規範を再設定していった行動と軌を一にしています。

2　世界観を作ろう――「万物一体」観の出現

世界を単純化する作業

司馬光とは別に、世界観や工夫論を準備する思想家が現れ、彼らは後に「北宋五子《ほくそうごし》」と呼ばれることとなります。彼らの議論を見る前に、その前提となる中国の伝統的な世界観についておさえておきましょう。

古代中国人は、「気」という言葉を用いて、独自の世界観を説明しました。気とは、全ての物質を構成する存在であり、その組み合わせに応じたはたらきを持っています。たとえば、身体にはあらゆる臓器や皮膚、頭髪などがあり、それぞれのはたらきがあります。しかし、これらはいずれも同じ細胞の組み合わせによってできたものであり、組み合わせに応じたはたらきをしながら1つの身体を作っているようなものです。要するに、気という言葉で表現したいのは、天地万物は同質な存在によって構成され、相互に関わり合いながら1つの世界を形作っている、という世界観なのです。

この世界観を根拠に誕生したのが「易《えき》」という占いでした。易は「筮竹《ぜいちく》」という道具を決められた作法で操作することで、特定の数字の組み合わせをはじきだします。この組み合わせは64分類、384項目の結果しか出ないようになっており、それが世界を動かしている気の流れを最大公約数的に象徴するとされ、膨大な回数の占い結果を集積して精度を上げました。64分類、384項目にはそれぞれ、日常に存在する自然現象や歴史的事件がたとえ話として割り振られ、それをヒントに気の流れを読み解き、個別事象を占っていくことになります。

やがてその世界観をまとめた『易経《えききょう》』が誕生し、漢の頃には経書の筆頭に数えられるようになりますが、重要なのは、気が大きく分けて「陰《いん》」と「陽《よう》」で構成されているという「陰陽説《いんようせつ》」です。これは2つ以上の存在（気）が関わる時には、必ず消極・集積・育成（陰）、積極・発散・消耗（陽）といったエネルギーの不均衡を生じ、その不均衡から生じる摩擦が物質そのものを変化させ、世界を変動させていくという考え方になります。

また、気の属性を5つに分けて、日常生活でよく目にする「木・火・土・金・水」にたとえ、万物がお互いを増幅（相生《そうしょう》）させたり減殺（相克《そうこく》）させたりする原理を説明する「五行説《ごぎょうせつ》」も誕生しました。五行説もまた属性相互の関わりを人生や王朝の興亡に当てはめ、未来を予見することで、たえず変動する気の世界観にリアリティを持たせました。

漢になると易の数や象徴を研究して、世界の構造を読み解こうとする「象数易《しょうすうえき》」などが登場し、気の世界観はさまざまな学説を展開しながら、中国を支配していました。

陰陽説と五行説にもとづけば、全ての存在は関わり合いによって変化することが宿命づけられており、不変であることは原理的に不可能です。また、これらが問題にしているのは、気という言葉を用いて複雑な世界を単純化し、万物の関わりと変化がどのように世界を作っているか考えることであって、近代科学のように万物そのものを観察、計測して存在を確定し、世界の構造を考えるものではありません。したがって、人間もまた万物との関わりによってより良く変化しなければ生きられない、という発想が生まれるのです。ここに、気の世界観を利用した工夫論が誕生する素地がありました。

世界の形

北宋五子は、こうした気の世界観をベースに、みずからの世界観を構築するところから議論を始めます。

まず筆頭に挙げられるのは周敦頤《しゅうとんい》（1017〜1073）です。彼は『太極図説《たいきょくずせつ》』を著して独自の気の世界観を表現しました。そこでは、気の運動法則にもとづいて万物が生成する様子を「無極《むきょく》・太極《たいきょく》」→「陰陽」→「五行」→「万物」と図式化しています。無極とは「目に見えない運動法則」、太極とは「気に内在する運動法則」といった意味で、要するに、この2語で気に内在する観念的な運動法則を表現しています。「無極」は「太極」の観念性（目に見えない）を示した言葉なので、それが分かれば「太極」だけでかまいません。この太極にもとづいて、陰陽がエネルギー摩擦を起こす内に五行の属性に細分化し、さらに五行の相生、相克によって万物に具現化するとされました。また、太極は気に内在する運動法則であるため、万物に分かれても、それぞれに太極が付随することから、万物は断絶することなく、太極にもとづいて世界を統合的に生成しているとしました。

続けて登場するのが邵雍《しょうよう》（1011〜1077）です。邵雍は易が数によって気の流れを象徴していることに注目し、気に先だってこの世界を支配する数の法則、すなわち「数理《すうり》」が存在していると考えました。こうして誕生した独特な数の世界観を「先天易学《せんてんえきがく》」と言い、これについて著した書物を『皇極経世書《こうぎょくけいせいしょ》』と言います。邵雍は、象数易をふんだんに用いたこの書物によって、世界の形を視覚的に説明した他、世界の誕生から消滅までを年表にまとめて歴史事件が必然的に発生したことを論証し、これから起こるであろう遠い未来を予測しました。

よりシンプルに気の世界を説明したのは張載《ちょうさい》（1020〜1077）でした。張載は『正蒙《せいもう》』などの著作によって、この世界は「太虚《たいきょ》」と呼ばれる1つの大きな気が果てしなく広がることでできており、その内部でたえず離合集散をくり返していることを強調します。万物は太虚の一部が凝集することによって形をとり、凝集しない残りは空気として充満しています。そして、万物は時と共に離散し、また凝集して別の物質になります。したがって、万物は消滅してしまうことはなく、無限に変化していくのです。

続けて登場するのが程顥と程頤《ていい》の兄弟です。

世界を動かすルール

程顥と程頤は、邵雍や張載と交流してその思想を摂取しつつも、彼らのように気の世界観をほとんど利用せず、万物のはたらきに注目して世界観を構築し、後に朱子学が登場する理論的な基盤を作ります。

程顥は、万物の運動法則を「天理《てんり》」と呼びました。「天」と名づけたのは、これまで天の領域として語られてきた、万物を生かし慈しむはたらきこそ、万物に内在する運動法則であることを指すためです。「理」はもともと『易経』に出典のある言葉ですが、当時は日常語として「道理」や「筋が通っている」といった意味で使われていました。その後、欧陽脩が思想的な文脈で使うようになり、程顥は万物の運動法則という意味で用いたのでした。万物の運動法則が、万物を生かし慈しむはたらき、すなわち「生生《せいせい》」と表現されたことで、天理は孔子の説いた最高の徳である「仁」(第2章既出)に重ねられます。

程頤は兄とは違い、天をつけずに「理」だけを言いました。程頤の言う理とは、正しい形とはたらきを表す言葉であり、この世界の正しいあり方、すなわち世界の理が1つだけ存在するとします。

ただ、世界をひとつの存在と見れば、確かに理は1つしか存在しないはずですが、世界が万物の組み合わせによってできている以上、万物にはそれぞれの正しい形とはたらき、すなわち個別の理が内在しており、万物がそれ「らしさ」を際立たせたところに世界は正しいあり方を現すとします。したがって、いきなり世界の理が存在するのではなくて、個別の理が網の目のように組み上がったものが、そのまま1つの理、すなわち世界の理となるのです。程頤はこのことを「理一分殊《りいっぶんしゅ》」、すなわち理は1つだが、個別の理として派生している、と言うことで、身の回りをとりまく世界が、理にうめつくされている様子を表現しました。

このような世界観をもとにして、彼らは工夫のやり方を提示することとなります。

3　世界と個人を同時に安定させる方法——工夫論の展開

世界の形をイメージする

周敦頤は人間に内在する太極を「誠《まこと》」と呼びました。「誠」とは、現代でもどんな小さな仕事や、誰を相手にしても関係なく、毎日こつこつと丁寧に向き合う人が、「誠実」な人と言われるように、私欲のない心を表した言葉です。誠は『中庸』によって、天地が一日として休むことなく運行し、万物を生成する様子に重ねられ、人間が天より与えられた心の徳とされましたが、これを周敦頤は自己の世界観に利用したのです。

しかし、人間が世界の一部である限り、身の回りに存在する他の物や人、すなわち「外物《がいぶつ》」と接触することで身体的な欲求に引っ張られ、誠を見失ってしまいます。外的な刺激から感情の起伏が起こり、怠惰、浪費、闘争、破壊などに流れ、万物の生成を阻害するのがそれで、悪の原因がここにあります。

したがって、人間が感情の起伏によって誠を阻害しなければ、その行動によって万物を生成発展し、対立に伴う心理的苦痛を逃れることができるはずです。ここで必要なのが「主静無欲《しゅせいむよく》」です。これは、物や人に接触して感情が動く瞬間に、心がそれに引っ張られて偏った反応をすることがないように、常日頃から努めて静かで落ち着いた心の状態を意識する工夫になります。この癖がつくと、外物と接触した瞬間にも感情の偏りを自覚することができて、自然と抑制することになるのです。この時、静かな心は誠となり、自分や周囲を生産的に創造して、心理的な平安を実現することができます。

邵雍の場合は、先天易学を理解することがそのまま工夫となります。何故ならば、物の見え方や考え方の歪みに気づかなければ、何をしてもいつも似たような結果が出るように、数理を知らないからこそ人間は自我の思い込みに固執して、他者と争い、万物をこねくりまわして破壊するからです。反対に、数理を理解すれば他者や万物の運動が客観的に分かりますから、自我の思い込みが入り込む余地がありません。そうすると、おのずから自我の思い込みによるわがままや、ムダな行動をすることがなくなり、それに伴って外物との対立に伴う心理的苦痛がなくなります。これを邵雍は「物で物を見る」と表現しました。

張載は太虚の離合集散によって万物が形成されているならば、人間もまた気を循環させながら万物とつながり続けているのであり、世界は全て同質であると言います。そして、太虚には万物を育成しようという心があり、人間にも皆が居場所を得て生き生きする様子に喜ぶ心、すなわち「性」が存在することから、人間こそは太虚と等しい万物の霊長であると説きます。

つまり、他者への深い共感こそが本来的性質、すなわち「性」であり、長い歴史によって築き上げられた文明も学問もこの心を満足させる手段に他ならず、万物が最大限に生かされる居場所に配置することで、人間はその生を全うし、深い満足感を得るのです。

一方で、人が太虚の一部に過ぎない限り、その心にはやはり偏って揺れ動きやすい

「情《じょう》」が存在していますから、心には性と情が同居しています。したがって、常に太虚の世界観を意識することで、万物と自分は一体のものとしてつながっており、お互いに生かし合っているのだという、生々しいイメージを持ち続けることが工夫となります。

「らしさ」を組み上げる

程顥は天理を説きましたが、その場合、万物は関わり合いながら生生《せいせい》しており、例外は1つとして存在しないはずです。しかしながら、現実には他の生生を妨害する悪質なものが確かに存在します。そうすると善と悪という対比ができてしまいますが、程顥によれば、悪に見えるものも成長過程に起こりがちな不調に過ぎず、悪が本質的に存在しないならば、この世界には善しか存在しないので、善という必要すらないと言います。

このような言い回しをしたのは、正義感が強く完璧主義の人間ほど、周囲の欠陥が目につき、それらを否定するほど、自分を正しいと思い込む差別的な自意識が強まって、ついには万物を排除してしまうように、悪を意識すると悪に引っ張られ、みずからも生生を阻害する悪へと変化してしまうからです。このことに着目した程顥は、現実の悪を善への成長過程だと敢えて明言することで、悪の存在と共に差別的な自意識を消し去り、悪に染まることを回避しようとしました。

しかし、現実に善悪が存在し、悪を憎む心が存在する限り、この心を維持することは並大抵の努力ではできません。そこで程顥は、天理に対して常に意識を向け、敬虔な気持ちを懐くことを求めます。これを「敬《けい》」と言います。敬によって、お互い様に育て合っている感覚を持てば、おのずから優しい気持ちに満たされます。その気持ちが心を占めていれば、悪への意識は影を潜めるため、悪に引っ張られることもありません。こうして他者と共に成長の楽しみを共有していこうとする態度が純粋化すると、ゆるやかに周囲を感化する効果が発揮されて、身の回りから生生を実現するのです。これを「万物一体《ばんぶついったい》の仁《じん》」と言います。

程頤の議論にもとづくと、万物には万物それぞれの個別性、つまり「らしさ」があるように、人間には人間「らしさ」、すなわち理が存在します。人間の理とは、万物を秩序立てて生かそうとする心だと考えた程頤は、その心を「性（生まれつき善なる心）」と呼び、「性は理である（性即理）」と言いました。ここで直接「心は理である（心即理）」と言わないのは何故かと言うと、現実世界において、天候には万物を育てるはたらきがあるものの、時に万物を破壊する天災としてのはたらきがあり、万物には万物を生かす利器としてのはたらきがあるものの、時に万物を阻害する凶器としてのはたらきがあるように、心にもまた万物を秩序立てて生かそうとする性があるものの、時に他者を阻害したり、物を破壊したりしようとする感情があって、その双方が心だからです。したがって、前者のみを「性」として理に結びつけることで、世界と人間のあり方を示したのでした。こうして、理にうめつくされた理想世界と、アンバランスな現実世界が対立していることが自覚され、人と万物の理を実現する必要、すなわち工夫が求められることとなります。

工夫のやり方には「居敬《きょけい》」と「窮理《きゅうり》」があります。「居敬」とは、この世界に理が存在することを常に意識して緊張感を持つ工夫であり、「窮理」とは、何かに取り組んでいる時に、意識されたあらゆる外物の理を探求する工夫です。こうすることで、心はたえず理を意識して探求する状態になりますから、限りなく性に接近していきますし、身の回りの万物は理にもとづいて配置され、それぞれのはたらきが最大限に発揮される組み合わせになります。こうして心は外物にふりまわされず、万物は秩序化され、全てが同時的に安定を実現するのです。

1 人はみんなのために

太極、数理、太虚、天理、理といった言葉によって提示された世界観は、我々が個々の人間として独立していながらも、万物とつながって世界の秩序を作っている、というものでした。これを総称して「**万物一体観**《ばんぶついったいかん》」と言います。万物がつながっているということは、その一部である人間の行動が世界の変化にリンクしているのであって、自分次第で世界を変えられることを意味します。そこで前述のような、自分と世界を同時に変えていく、さまざまな工夫論が登場しました。世界を変えるというと壮大に過ぎて実感が湧きませんが、少なくとも万物一体観を持つことで、身の回りの環境を過ごしやすいものに変えることは可能です。

卑近な例で言えば、自分は家族という世界の一員であり、皆で家を作っているという意識があれば、自然と自分の役割である仕事や家事を明確に決め、家族に対して敬意のある態度をとるはずです。そうすると、日々の生活の段取りができて、断続的な達成感が味わえますし、達成感を燃料として仕事や家事、人づきあいに創意工夫をこらし、挑戦と失敗をくり返しながら、人間性や能力を磨いていくこととなります。この時の意識や行動は、他者の評価を受けるためにする服従ではなく、より良い生活を作るために考え、行動する、主体的な生産活動となっていますから、全体の中の活動でありながら、「個」を確立し、際立たせていくこととなるのです。

これに反して、皆で仲良く助け合う程度の家族観しかなく、役割が明確に定まっていない場合、無意識の内に家族間のけじめがなくなって、自分が頑張って周囲を引っ張るとか、誰かがやってくれるだろうとかいった期待のもと、周囲に過剰な干渉をくり返し、てんでんばらばらに行動するようになって、衝突が絶えなくなります。つまり、人間は自分の社会的立場があいまいで、馴れ合いによって心理的なけじめがないと、好き勝手やっているようで、実はみずから考えて選び取る能力を失い、周囲に流されて「個」が死んでしまうのです。

これは学校や会社などの組織に置き換えても全く同じことで、周囲の評価や世間的な価値観から離れ、まずは全体の中における役割を明らかにし、目の前の仕事に取り組みながら、「個」を確立することが大切です。こうして「個」が確立されたことに比例して、自分に好意を持つ人が集まって人間関係が構築されていきます。これはたとえば、確固とした技術とアイデアがあって、それを社会的な需要に提供するのがビジネスの王道であるのと同じで、お互いを真に認め合うつながりは、「個」を確立したところにはじめて姿を現します。

こうした「個」が網の目のように組み上がった社会は、お互いが独立しているだけに、**社会変動にぶれない粘り強さがありますし、誰かしらの創意工夫によって新しい可能性が提示される独創性があります。**この時点で、世界は「個」によって下から組み上げられていきますから、「個」の確立は世界を変えるはたらきをしているという訳です。

こうした考え方ができないと、周囲の評価や世間的な価値観にふりまわされる悩みを抱えることになります。こうした画一化に反抗して個性を求めても、「個」が確立されていない状況では、何が自分らしいかすら決められません。そうした社会は「個」が限りなく弱いので、流行によって右にも左にもふれ、似たようなアイデアしか出ずに行きづまり易いものとなるのです。現代日本における独創性のなさや、行きづまりがたびたび議論に挙がる背景には、こうした「個」の弱さがあります。

人間性と能力を完備した「聖人」

北宋五子は「個」の価値を際立たせるために、全体とのつながりを生々しく説明する必要を感じ、日常語だった気や理といった言葉を活用しながら、万物一体観を提示しました。

工夫によって「個」が確立している者には競争意識がなく、周囲と協力して世界を生成しているという信頼関係と生産作業だけがあります。これが宗族、地域、朝廷のあらゆる場面で達成された時、そこには完全に調和した満足感と秩序が広がります。ここではじめて人間性を磨く作業と社会を変える作業は同時的に達成され、万物一体が目指すべきものではなく、実感として心を充たすのです。

これができるほどに人間性と能力を完備した人は「聖人」と言われます。それほど不可能に近い目標だった訳ですが、周敦頤は「聖人は学んで到達できる」と断言し、世界の責任を個々人に託すと共に、個々人の生にはそれだけの価値があると励ましました。そして、北宋五子みずから、それを実践した強烈な「個」を形作ります。

周敦頤は地方官のまま出世しませんでしたが、どの任地でも私欲なく政治を行い、物にとらわれずに飄然と日々を暮らした様子は「晴れやかな日に吹き渡る風、雨上がりの澄み切った月」と評されました。邵雍は生涯仕官することなく研究に没頭しましたが、政界の大物たちがその見識を求めてたびたび訪れ、北宋の未来を予言します。

張載は新法改革に反対して職を辞しましたが、「万世のために太平を開く」ことを理想とした気宇壮大な講義によって、多くの人々を奮い立たせました。

程顥もまた新法改革反対によって地方官を転々としますが、「のどかな春の風」と言われた性格によって、彼に遭遇した人は例外なく穏やかで優しい気持ちになり、無意識の内に感化されたと言います。程頤は「秋の霜や夏の日ざし」と表現された威厳を崩さず、弟子たちは常に背中に汗がつたう恐怖を感じながら教えを受け、侍講《じこう》（皇帝に書物を講義する役職）として接した皇帝すら畏れさせました。

彼らはいずれも位人臣《くらいじんしん》を極めた訳ではありませんが、その生き様を通じて士大夫たちの人間性に強い影響を与え、宗族や地域、朝廷の規範を創造する、優れた人材を供給することとなります。彼らの作り上げた「個」としての強さが、周囲を巻き込んで環境を変えていったのです。工夫によって人間性を高め、世界を変えていこうとした彼らの学問は、孔子、孟子から続く道の正統（道統《どうとう》）をゆくものとされ、「道学《どうがく》」と総称されることとなりました。

そして道学は「朱子学」を生み、20世紀まで中国を支配することとなる、正統思想になっていくのです。

【この章のまとめ】

◎社会を変え、人生をより良くするためには、自分を変えなければならない。

◎人間は、規範になりきることで自分を変えることができるが、組織や規範は社会変動によって歪みやすく、依存するのは危険である。

◎全体を見渡して役割を明らかにし、生活を通じて「個」を確立した先にこそ、理想的な人間関係と環境が生まれ、人生も社会も変化する。

第6章

なぜ人間性と能力は比例するのか——朱子学とは何か

今も昔も、政治家や官僚に始まって、経営者や研究者、医者や教員など、社会的立場の高いと言われる人の不祥事には、とても強い批判が巻き起こります。ただ、国によっては、その不祥事が契約に違反し、不利益を生じた場合にのみ、激しい批判がされるようです。裏を返せば、仕事さえできればどんな人物でもかまわないし、そこまで踏み込まないということです。

顕著な例として、フランソワ・ミッテラン（1916〜1996）が挙げられます。彼はフランス大統領に就任した際、愛人と隠し子がいることを記者に質問されると、「エ・アロール（それがどうした）」と一言返しましたが、輿論は特に問題にしませんでした。なぜなら、それは大統領として期待された能力とは全く関係ないと考えられたからです。

日本の場合は、こうした問題で辞任にまで追い込まれることが少なくありません。さらに、その人物の生い立ちから交友関係、果ては家族の過去までが根掘り葉掘り追及されます。昔であれば、芸能に関わる人については「芸の肥やし」と考えられてきましたが、芸能が娯楽ではなく、文化として尊重され、そこに携わる人の言動が社会的な責任を持つと考えられると、彼らもまた、厳しく人間性を問われることとなりました。

なぜそのようなことになるかと言えば、1つには経済的、身分的階層がゆるやかで、誰もが隣人のように親しみやすい日本社会では、成功した人に感情移入しやすく、素直に感心して応援する一方、その心理的距離の近さから、不祥事が起こると裏切られたと思い、憎悪や罵倒に変化しやすいからのようにも思われます。

もう1つの原因として、日本人には、人間性と能力は比例しているという潜在的な確信があるように思われます。優れた業績を残した人の言行録がよく売れ、なかば偶像化されるのはこのためです。こうした考えに則れば、逆に不祥事を起こした人は、能力にまで疑問符がつき、高い社会的立場についていることが不当であると判断されるのです。

こうした考え方の違いは長い歴史の中で培われたものですから、一概にどれが正しいとか、どこに原因があると断定できるものではありません。しかしながら、これまで見てきた通り、**人間性と能力が比例することは、中国思想でも言われてきた**ことでした。この議論についてもう少し詳しく見ていくと共に、日本人のこうした考え方について考えてみましょう。

1　中国思想の集大成

危機の中の学問事業

旧法党と新法党の争いは激しさを増し、お互いの批判が的中するという最悪の形で展開することとなりました。徳を軽視することで破綻すると批判された新法党は、紙幣発行や独占規制による商業振興など、優れた政策を開発していきましたが、やがて権力を濫用する官僚たちが現れ、私欲を満たすために兌換準備金を無視して紙幣濫発を行った結果、宋の経済を混乱に導きました。合議によって政治的問題が解決することはないと批判された旧法党は、優れた官僚たちを輩出し、彼らの個人的な行政手腕によって社会を維持しましたが、新法をことごとく廃止した結果、抑制された既得権益が復活して腐敗の温床となり、格差拡大に何ら対処できないこととなります。

こうした政治的摩擦に揉まれる形で、思想もさらに発展していきます。宋では大きく分けて王安石の思想につらなる「新学」と、蘇軾の思想につらなる「蜀学《しょくがく》」、そして北宋五子に始まる「道学」がそれぞれの世界観を巡って争いました。道学内部でもいくつかの学派に分かれますが、そこから誕生したのが朱熹《しゅき》（1130～1200）によって創始された「朱子学《しゅしがく》」です。朱熹は、微妙に異なっていた北宋五子の思想をとりまとめ、気の世界観と理の法則性を統合し、膨大な数の経書を解釈し直すという、空前絶後の学問事業を行いました。宋より以前にも、経書を統合的に解釈する試みは行われていましたが、そこでは古代文献を厳密に解析する「訓詁学《くんこがく》」という手法が用いられていました。これに対し朱熹は、道学にもとづく経書解釈を通じて、普遍的な世界のありようを理論化し、理想とする人間の生き方を追究していったのです。

これはもちろん朱熹の思想によって経書解釈を再編する作業であり、必ずしも古代を再現する試みではありません。しかし、朱熹の経書解釈は、圧倒的な学識と精緻な論理によって構成されていましたから、朱熹がこれこそ経書の真意であると信じたように、多くの士大夫にも、彼の思想が経書の真意であるように見えたのでした。

また、この作業を完遂するため、朱熹は北宋五子の議論を程頤に引きつける形で再解釈したばかりか、実は道学よりも道教に近かった周敦頤の思想を、第5章で解説したような形に再編し、「北宋五子」という分類自体を創作するという離れ業を行っています。すなわち、経書だけではなく、道学すら朱熹によって再解釈されることで、強力な思想の統合が推し進められていたのですが、やはりこれも、朱熹がこれこそ道学の本旨であると信じたように、圧倒的な説得力をもって人々に迫ったのです。いわば、**朱熹は中国思想の大編集者にして集大成とも言うべき思想家**でした。

結果的に、朱熹存命中の朱子学は迫害されるものの、その後次第に評価されるようになり、以後、20世紀まで東アジアの思想界に君臨することとなります。このことにより朱熹は、孔子（孔丘《こうきゅう》）、孟子（孟軻《もうか》）と同様に「朱子」と呼ばれることとなりますが、こちらの方が人口に膾炙《かいしゃ》しているため、以後は朱子と書くことにします。

国家が抜き差しならない危機に瀕している中、朱子はなぜこのような事業を行ったのでしょうか。まずは、朱子の生涯からその理由を探っていきましょう。

資産運用の達人

朱子は19歳になると科挙に合格し、24歳で官僚として働きはじめたものの、28歳には早くも職を退き、学究生活に入ります。その後、40歳で思想を固めて次々に著作や注釈をまとめていきますが、その間にも各地の知事などを務め、飢饉対策では1人の餓死者も出さず、かつそれ以後も安定して生産事業が継続できる、自治的な農村経済システムを開発します。これは「社倉法《しゃそうほう》」と呼ばれ、以後19世紀まで農村インフラとして存続しました。最終的に侍講となって皇帝に近侍するも、わずか45日で辞任し、死の直前まで講義と著作に邁進することとなります。

社倉法の優れた点は、困窮した民に対するバラマキではなく、村単位による資産運用を行うことで、恒久的に自活できる原理を発見したところにあります。これはどういうことかと言うと、今も昔も労働生産によって資産拡大を行い、使い切れない分を第三者に貸与し、そこから利息を得るのが資産運用になります。労働生産による資産拡大は、身体の不調や老化、環境の悪化などで容易に停止するため、経済的な不安定から脱却できません。したがって、資産運用によって資産そのものをはたらかせ、長期的に利潤を確保する必要があります。これが人間社会における基本的な経済原理です。一方で、個人的な貸借関係では微々たる運用益しかでない上に、極端な物価変動が発生すればたちまち転落しますから、資産運用できるのは大資本に限られているという現実問題がありました。

朱子はそうした経済原理と現実問題を理解した上で、「社会単位の資産運用」という原理を発見し、社倉法として具体化します。それは、村ごとに中小の農民から資産（穀物）を募集し、村の顔役と行政の代表とが共同で管理・運用する資産プール、すなわち「社倉」を作るというものです。社倉は、行政によって保証された村全体のプールとなりますから、そこから毎年の作付けに必要な分を適正な利息で供給し続け、かつ備蓄分を除く剰余分を売却することで、村単位の共有資産は増大を続けるのです。そうすると、仮に飢饉などが生じて個人資産が枯渇した場合にも、社倉から利息を大幅に下げて新規貸与するか、あるいは臨時給付することによって、全員を救済することが可能となります。ここには将来的な不安に対して保障を積み立てる共済保険や、資産の長期保有による恒久的な利潤確保を狙った、投資信託に通じる発想があります。

この原理は、資産であれば現物でも金銭でも適用できます。事実、日本でも、江戸時代初期の名君として有名な保科正之《ほしなまさゆき》（１６１１～１６７３）は、領地の会津藩で社倉法を実施し、蓄えられた利潤を元手にして、世界初の年金制度を開始しましたし、江戸時代後期の名君であった松平定信《まつだいらさだのぶ》（１７５８～１８２９）は、社倉法の原理を金融に応用して、江戸の町会費用を「倹約令」によって合理化し、町会に削減分の七割を積み立てて長期運用させる「七分積金《しちぶつみきん》」を実施しました。ここで蓄えられた資金は徳川幕府すら手を出してはならず、幕末期には１７０万両にまで膨れ上がり、後に渋沢栄一《しぶさわえいいち》（１８４０～１９３１）によって東京府近代化の資金として利用され、ガス灯、石畳、レンガ建築などの近代的な東京を作り上げることとなります。このように、朱子はわずかな行政官時代にもかかわらず、経済原理を巧みに応用する知性を持っていました。

冷徹な情勢分析

朱子は、情勢分析力においても周囲と一線を画していました。この当時、北方から侵入して中国北方を制圧し、さらには長江をわたる勢いを見せていた金に対し、宋は南方政権として圧迫され、後に「南宋」と呼ばれる王朝体制となっており、輿論は大きく2つに分かれていました。1つは「主戦派」で、彼らは断乎とした旧領回復を志し、攻勢に出なければ国内を1つにまとめられないと主張していました。もう1つは「講和派」で、彼らは積極的な友好樹立を目指し、平和維持に努力しなければ武力侵攻されると主張していました。両者の主張には一理あるものの、それぞれ問題があります。まず金との戦力差は覆すことが難しく、即時決戦が非現実的であることは明らかでした。また、不平等な関係で講和することは、外交上の譲歩をたえず求められることに他ならず、ジリ貧になることは避けられません。

しかもこうした情勢分析は、他の政治的主張とリンクする形で派閥を形成し、個人的な情実や利権もからんで互いを批判し合うという、負の側面がありましたから、現代日本の国際関係と同様に、表面的な主張だけでは判断不能な局面に陥っていました。

そうすると、海のように広い長江を防衛線として、水戦に強い宋の強みを生かして長期持久態勢を作りつつ、緊張感を共有することで国内をまとめ、国力の増強に努めて反攻の機会を狙うことが妥当だということになります。このように考えた朱子は、「守戦派《しゅせんは》」の立場を明確にします。

ここで問題になるのが「国力の増強」です。これは単純に考えれば経済力を上げ、軍事力を高めていくことになりますが、実際にそれを行うのは人間です。しかし、生まれや育ち、経験にもとづく物の見え方や考え方には差がありますから、互いの意見が食い違い、対立することは避けられず、そこに感情が無意識的に織り込まれることで、知らず識らずの内に判断を誤り、足をひっぱり合うこととなります。かといって、厳正な規範や職業倫理によって統制したとしても、人間は必ず例外を作り出し、抜け道を見つけ出して骨抜きにします。これは正に、現代にも通じるドロドロした政治の内幕であり、宋の政界で起こっている停滞そのものでした。そうすると、一見簡単に見える「国力の増強」は、多くの汚職や不適切な人事によって頓挫し、実現不可能な目標となってしまうのです。

こうした情勢分析によって朱子は、統治者となる人間が、自分で自分をコントロールし、極限まで公平に物事を見る目を養うことで、合理的に国力を増強できる道筋を拓こうと考えます。こうして**「人間性と能力」をリンクして引き上げるための工夫論が、国家再興のための根本策として強い説得力を持った**のでした。朱子学は政治的な要請によって誕生したように見えますが、実際には幼少期から思想に関心を持ち、程頤の弟子筋から道学を仕込まれた朱子にとって、まず世界のありようと人の生き方についての確固たる思想があり、その上で、思想こそが政治問題を根本から解決すると考えたのであって、この順序だったからこそ、当時の政治的流行に左右されない、普遍的な思想を提示することになったのです。

2 「エ・アロール」は通用しない——理気二元論と「性即理」

世界を動かす2つの原理

冒頭に述べた通り、朱子は北宋五子の世界観をとりまとめ、新たな形で提示しました。

それが「理気二元論《りきにげんろん》」です。これは、世界が理と気によって動いているという理論になります。具体的に言うと、まず万物は同質の存在、すなわち気によってできており、生成変化しています。ついで、万物にはそれぞれ正しい形とはたらき、すなわち理が存在し、万物が個別性を際立たせた先に、世界のあるべき形とはたらきが実現されます。この2つが合わさるとどうなるでしょうか。

まず、万物は気の変動によってさまざまな形をとり、それに見合ったはたらきをします。たとえば、金属が精錬されて包丁ができると、それは鋭利な形と切るというはたらきを備えます。これは目に見える存在と現象であることから、「形而下《けいじか》」と言います。

次に万物には理が存在します。たとえば、表面積の少ない物を押し当てると、局地的な圧力が強まるのに比例して、左右に押し広げられた対象の「引っ張り応力」が強まって、切断という現象が発生する、という物理が存在します。これは目に見えませんから「形而《けいじ》上《じょう》」と言います。この物理がなければ、包丁は成立しません。つまり、形而下の気は、形而上の理が存在することによって、はじめて安定して成立する訳です。

また、形而下の世界には、鋭利でよく切れる包丁もあれば、なまくらであまり切れない包丁もある一方、形而上の世界には切断に関するたった1つの物理だけが存在していることとから、人間はその物理を最も実現した包丁を手に入れようと、技術革新を続けています。人間がたえず創意工夫をこらして、少しでも快適で便利な物やサービスを手に入れようとするのは、全てのこの行為になりますが、この時人間は、無自覚に形而上の理を予感し、気を限りなく近づけていこうとしているのです。そうすると、気は理に限りなく接近するように変化している訳ですが、一方で形而下の包丁が存在しなければ、形而上の物理があったところで何の意味もないように、理は気がなければ存在していないのと同じであり、気を手がかりにしなければその姿を現すことはできないことから、気をベースにして理を捉えていくことが必要になります。

つまり、この世界には形而下の気と形而上の理が存在し、双方にリアリティがあるのであって、我々は目に見える形而下の世界を現実として受け止めつつも「これじゃない」という不全感を持ち、見たこともない形而上の世界にむしろ「これだ」という現実味を感じながら生き、目の前に存在する気を操作することによって、世界を生成変化させているということです。これが「理気二元論」の考え方になります。

倫理は不条理を克服する

理は物理にとどまりません。それを先程の包丁を例にとって説明しましょう。もしも包丁の理が物を切断する物理だけなのだとすれば、刀剣やナイフも包丁になってしまいます。逆に、包丁を利用して他人を殺傷することもできますが、我々はそれを適正に存在しているとは考えません。あるいは、包丁を用いて作った美味しい料理を独り占めする人間を見れば、その包丁はほとんどの人にとって無価値であり、また不公正の象徴として忌み嫌われます。この時、包丁は理想的な形とはたらきが実現されていない、すなわち包丁の理は実現していないということになるのです。

これはなぜかと言えば、包丁の理が単なる物理にとどまらず、社会的な意味づけがされているからです。つまり、包丁という物は、美味しい料理を提供して人々に楽しみを共有させる、という出来事を成立させて、はじめて正しい形とはたらきを実現したと考えられるのです。これを朱子は「物質とは事象である」と言い、物の理は「そのような形とはたらきを持つ理由（物理）」と「それを用いて何をすべきか（倫理）」の2つを含むと言いました。

このことが了解されると、他の調理器具や食器、食材、調度品から、メニューや参加者、マナー、話題といった物の理が、芋づる式に連想され、その組み上がった先に食事の理が出現します。そして、こうした理があらゆる場面で実現したところに世界の理が現れるという訳です。

この議論が展開された理由は、**この世界に不条理と倫理が並列し、最終的に倫理が不条理を克服することを説明するため**です。たとえば、物やお金、言葉などを使いこなせば、それがどんなに横暴で虚偽に満ち、卑劣なやり方であろうが人を支配したり、利益を独占したりすることができます。これらは目に見える形とそのはたらきを使って最大限の効果を引き出したのですから、気において「合理的」であり、それで成功してもなんら不思議はありません。こうしたことから、世間で言うところの「不条理」が発生します。

しかし、そうしたことがまかり通れば、人々は疑心暗鬼に陥り、断絶され、傷つけ合い、やがて社会は崩壊して、みずからの不利益となって還ってきますから、それは不条理なだけでなく、理から見て全く「非合理的」になります。

ここで改めて朱子の社倉法を見てみると、朱子は基本的な経済原理（物理）を考えた上で、それを社会単位での資産運用の原理（物理＋倫理）に発展させ、誰でも適用可能で、利益を共有する経済原理に引き上げました。これは単純な形とはたらきに過ぎない気（資産の変動）を、正しい形とはたらきである理によって支配し、経済的な不条理を克服しようとしたことに他なりません。理によって制御された気は、人々の調和と発展を織り込んだ、長期的安定を実現しますから、その利益は短期的な成功を上回り、最も「合理的」であるということができます。

そうした朱子の目から見れば、**世間で言う「合理的」な議論は、かつて中国をめちゃくちゃに破壊した「功利」の焼き直し**に他ならず、謀略や力によって天下に名を轟かせた英雄も、結局は気を使いこなしただけで、むしろ治乱興亡に棹さした「覇者」に過ぎません。したがって、**人間の「非合理的」な「合理的」思考を根本から変えることが急務**だと考えたのです。

判断力と倫理

理気二元論が世界に適用されるならば、人間も例外ではありません。朱子はまず、**全人類にとって普遍的な心と感情のはたらきを「性」と言い、個人的、日常的な心や感情のはたらきを「情」と言いました。**これは理と気の関係に該当します。すなわち「性即理」です。そうすると、理気の関係と同じように、情は性によって成立し、性は情を手がかりにしてその姿を現すということになります。

これはどういうことかと言うと、気に配当された情は、人間である限り、その喜怒哀楽には一定の規則性があるものの、身体や環境に強く影響されて個体差が発生し、激しくふれます。たとえば、若い頃に血気盛んであれば感情の起伏が激しくなり、生まれつき丈夫でないと警戒心が強くなることがありますが、これは身体という気による影響です。あるいは、貧困や乱暴な環境に苦しむと金銭や地位、好き嫌いに過剰な執着を示し、裕福で甘やかされた環境にいると何事にもしまりがなく、ストレス耐性がなくなることがありますが、これは環境という気による影響です。そうした気の支配を受ける情は、極めて個別的な視点にとらわれていますから、物や人を公正に判断することができません。

この時、情は物理と倫理を共に見失ってしまい、大きな物的損失を招くばかりか、人間関係も壊れてしまいます。仮にその判断が時流に合致していた場合には、物質的な成果を挙げ、人をつなぎとめることもできます。たとえばハングリー精神旺盛な人が、貪欲に動き回って機先を制したり、猜疑心の強い人が、人々の裏をかいて確実な勝利を続けたり、毒にも薬にもならない人が、台風の目になって周囲から祭り上げられるのがそれです。しかし、時流が変わると自己本位な判断が通用しなくなり、なまじ成功体験がある分、修正することもままならず、物的損失と共に人が去って行くことになります。**歴史的な治乱興亡、英雄の栄光と没落は、おしなべて情の激しいふれ幅によって引き起こされている**と言っても過言ではありません。

一方で、情はまるで正しい心と感情のはたらかせ方を知っているかのような批判を、みずからに浴びせることがあります。「やりすぎかしら」とか「何かが違う」と思っているのがそれです。つまり、人として正しい心と感情のはたらきである性があるからこそ、情は違和感を覚え、修正してみずからを全うしようとするのです。これは気が理に限りなく接近することと同じです。

したがって、情のふれを抑制して性に接近することができれば、情は外物を公正に判断して、その理を明らかにすることが可能となります。これは、思い込みを徹底して排除すると、おのずから筋道が見えてくるようなもので、性はそれ自体を捉えようとして捉えられるものではなく、個人的な感情や執着を排除した先に、自然と現れているのです。

人間はこのことを本能的に自覚している節があります。たとえば、**生き馬の目を抜くような競争によってのしあがった権力者や経営者が、欲望と情念の渦巻く泥沼のような戦場で、人には言えないような駆け引きをする一方、折を見つけては静かに心落ち着かせる芸**

術に没頭したり、あるいは瞑想にふけったり、あるいは思想書を読んで師についたりするのがそれで、彼らは俗塵《ぞくじん》にまみれて情がふれることで、判断能力が著しく低下することを恐れ、心を鎮めることで的確な判断を下そうと、直感的に行動しているのです。

朱子はこれを理気、性情という言葉で理論化し、人間性と能力が比例していることを明らかにしました。ここにおいて、プライベートな問題とはいえ、情を野放図にしていることは必ず状況判断を誤り、どこかで社会的な混乱を引き起こしますから、「エ・アロール」は原理的に通用しないことが証明されます。

3 日本の強みを再確認する――「格物致知」と「修己治人」

読書の効用

朱子の議論にもとづけば、人間が万物の理を見極めて適正に配置し、世界を調和に導く力を可能な限り身につけなければ、あらゆる事業はうたかたの夢の如く消え去り、後には何も残らない不毛地帯になります。そうしないためにも、情を限りなく性に近づけていかなければなりません。

その方法こそが「窮理」と「居敬」になります。これは第5章で説明した通り、何かに取り組んでいる時に、意識されたあらゆる外物の理を探求する工夫が「窮理」、この世界に理が存在することを常に意識して緊張感を持つ工夫が「居敬」です。

しかし、意識の対象となるあらゆる外物の理を探求するといっても、意識の対象は数限りなく、しかもみずからの判断が正しいとは限りません。そこで朱子は、最も確実な窮理の方法として、「読書」を提示しました。読書といっても読むのは経書になります。経書は聖人の事績や言行を載せ、また聖人自身の手になるものですから、そこには性になりきった人の物の感じ方や考え方が濃密に含まれています。したがって、経書を熟読して聖人の精神をトレースしていくことで、みずからの物の感じ方や考え方を近づけていき、結果的に情を性に限りなく接近させることができると考えたのです。

そして、経書の中でも『大学《だいがく》』『論語《ろんご》』『孟子《もうし》』『中庸《ちゅうよう》』の4つを特に重視して「四書《ししょ》」とし、易、書、詩、礼、春秋の「五経《ごきょう》」の基礎に置きました。『大学』は、人間が物の理を正確に認識（「格物《かくぶつ》」）して知性を高め（「致知《ちち》」）、情を性に近づけ（「誠意《せいい》」）て心を正し（「正心《せいしん》」）、言動を適切なものに仕立て上げ（「修身《しゅうしん》」）ながら、家、国家、世界全体を秩序化（「斉家《せいか》」、「治国《ちこく》」、「平天下《へいてんか》」）していくプロセスについて説いた書物になります。特に『大学』の説く「格物」と「致知」は、世界を秩序化する基盤であり、かつ窮理に合致していましたから、最も重要な経書になります。『孟子』は「四端」の情（第2章参照）を手がかりに、性に近づけていく方法を説いた書物とされました。『論語』は聖人のモデルとしての孔子の言行録であり、『中庸』は天と人が理によってつながっていることを根拠に、人間だけが秩序を世界に実現できるという、哲学的な論証を行った書物とされました。

これらは全て、人間が情を性に近づけて世界を秩序化していくためのプロセス、方法、具体例、理論的証明について書かれた書物であり、四書の精読によってこれらをたたき込み、物の感じ方や考え方を変えていくことで、あらゆる社会を理によって秩序づける人材を育成するための書物になります。すなわち、朱子が「四書」を筆頭にすえたことで、これまでの学術では、聖人が作り上げた形而下の制度や規範を学んでそれになりきることが主目的だったのに対し、形而上の物理と倫理を理解し、制度や規範を創造した聖人そのものに、限りなく近い「個」を作ることが目的に変わったのです。こうして**人間性を限りなく高めることで、社会の調和を目指していく「修己治人《しゅうこちじん》（己を修めて人を治める）」が儒教の本旨とされるようになった**のでした。

聖人の条件

こうした窮理と居敬によって、常に理だけを意識する「主一無適《しゅいつむてき》」の状態になると、情は限りなく性に近づきます。そして、ある時、体感的に世界の理をつかみ、何に対してもわだかまりがない、悟りのような境地に入る瞬間、すなわち「豁然貫通《かつぜんかんつう》」が起こると、「知らないことはなく、できないことはない」聖人になると程頤は言い、朱子も主一無適と豁然貫通の説を継承しました。性になりきった人は、倫理的に完璧な情をはたらかせると共に、物理を正確に判断できる訳ですから、その能力においても常人の域を超えており、聖人が現れてはじめて一つひとつの物事は適正に処理され、世界は完全に調和するのです。

ただ、そのような人間になることはほとんど不可能であり、これまで理詰めで証明してきた議論がにわかに現実味を失ってしまったような感覚を覚えてしまいます。しかし、この聖人観こそが、朱子学を「現実的」な思想に仕立て上げることになります。

どういうことかと言うと、理が目に見えない理想的な形とはたらきであり、それは無限に追求されるものならば、聖人もまた全ての人間に共通する理想的な人格であり、無限に追求されるもののはずです。

だとすれば、人間は理が分かったとか、聖人になったとかいうことは不可能ですから、どこかに理想的な状態があると信じながら、全ての物事や人に対して緊張感を持って向き合い、無限にその物理と倫理のありかを考え、情をコントロールし続けるしかありません。このことは最も現実的な生き方であり、我々がつい信じてしまいがちな、**「世界を救済する理論」や「人類に共通する正義」によりかかる方が、実は非現実的な生き方**です。

この結果、他者を倫理的に攻撃して根掘り葉掘り追い詰めることは間違った行為になります。そして、日々の仕事や生活をより良いものにしようとする努力が間断なく続けられると、そこにおのずから一つひとつの物事が整理され、言動に表れる美点が増えて、優れた人格と調和された社会が少しずつ現れてくるのです。

つまり、朱子は理や聖人の存在を理論的に整理し、聖人は学んで到達できると規定した上で、理や聖人の内容を具体的に規定しないことによって、人々が緊張感を持って一つひとつの物事や人に向き合い、それがそのまま人格の完成と社会の調和を実現する作業となる道を拓こうとしたのです。

そうした時、儒教で最も尊ばれるべきは、古代の聖王ではなく孔子となります。なぜなら、孔子はたぐいまれな知性と徳を持っていた「聖人」にもかかわらず、常にみずからの至らなさを自覚し、読書に励み、仁に心をよせ、不断に己を修めることで、周の復興を遂げようと努力していたからです。つまり、聖人が聖人たる理由は、その完璧さにあるのではなく、完璧であろうと努力することにある、ということになります。

こうした世界観と工夫論を用意することで、朱子学はあらゆる事態に整然と対応する人材を育成する思想として完備されました。

「日本型」経営と朱子学

朱子は、経書の再解釈にあたって、全国の士大夫が実践可能な家族儀礼を定めた『文公《ぶんこう》家礼《かれい》』や、王朝の正統性について論じた『資治通鑑綱目《しじつがんこうもく》』などを著しています。しかし、これらについても、個別の事例に対する批判や攻撃は慎重に避けています。つまり、中国で支配的だった宗族の規範や、中華思想の大義名分に対し、それを理論的に整理しつつも、理の抽象性をかぶせることで、硬直化を防ごうとしたのです。

朱子学の絶妙なバランスは、物理と倫理の追求を目標にすえると同時に、個別的な物事や人に向き合わざるを得ないようにしたところにあります。つまり、**観念的な議論に終始して現実から遊離することも、是々非々と称して普遍的な議論を忘れることも許さず、徹**

底的な知性と実務能力を要求したのです。ここにおいて、旧法党と新法党の対立も、主戦派と講和派の対立も全て相対化され、一から議論を組み立て直す必要が出てきますし、何よりそうした視野を持った人材でなければ、宋の復興は不可能でした。

朱子はみずからの思想は天下を治めるための帝王学であり、これを体現するのは皇帝であるべきだと考えましたが、皇帝には受け入れられず、政局にリンクした学派抗争から、ついには「偽学《ぎがく》」として弾圧されることとなりました。

ただ、朱子の生きた時代は、士大夫たちが地方官として赴任した土地で「書院《しょいん》」と呼ばれる私塾を開き、全国的なネットワークを構築して思想表現を行うようになっており、各地の士大夫が異動によって中央に赴任すると、その議論が中央政界を動かすため、地方にいながらにして中央の言論活動を行うことが可能になっていました。

こうしたことから、じわじわと朱子学を学ぶ士大夫が増えていくことになります。やがて天下を治める帝王学は士大夫の学問となり、士大夫一人ひとりの人間性こそが天下を左右するという使命感を、絶対的な信念へと変えていきます。

すなわち、世界の趨勢、国家の興廃を一身に担い、みずからの仕事や生活の一瞬一瞬に全力で斬り込む気魄がなければ、社会も人生も変えようがなく、そこには誰かの作った理論やマニュアルに頼り、人や社会を批判している暇は存在しないのです。したがって、朱子学は政治体制や経済政策を敢えて議論しなかったかわりに、何事に対しても論理的に解析し、長期的な社会の調和を見すえた人物を、時代ごとに輩出し続けました。

20世紀に入ると、**日本をはじめとした東アジア諸国の急激な近代化の原因は、朱子学が育成した知性と倫理を母胎にしている、**という議論が盛んになります。

これはなかなか面白い指摘で、日本では徳川家康が朱子学を好んだことから、高い知性と倫理観を持った「武士」の育成が目指されます。また、松平定信による教育改革以降、幕末にロシアとの外交交渉で「欧州でもこれだけの知性はそういない」と言わしめ、ロシアの対馬占領を防いだ川路聖謨《かわじとしあきら》（1801～1868）をはじめとする幕府官僚は、朱子学の書物を毎日の日課として進んで熟読していましたし、ペリーとの交渉において「理」を持ち出してアメリカの説く国際法解釈の矛盾を追及し、その胆力と知性を賞賛された林復斎《はやしふくさい》（1801～1859）、いち早く西欧の科学技術を「窮理」して、実用化を推し進めた佐久間象山《さくまぞうざん》（1811～1864）のような朱子学者が数多く輩出されました。さらに、明治以降、西欧から流入した書物の翻訳は、多く朱子学を利用して解釈されましたから、随所に朱子学の残り香が存在します。

彼らには、**西欧の理論や思想をありがたがるのではなく、常にその「理」を見極めようと斬り込み、納得のいかないものは猛然と拒絶する、強靭な「個」が確立されていました。**

特に、理に含まれる「倫理」は日本の方が優れており、むしろ西洋のもたらした「物理」を倫理によって運用し、西洋より優れた文明の理を実現できるとする「和魂洋才《わこんようさい》」の発想を生んだことは、日本が独立不羈《どくりつふき》の精神を維持することに多大な貢献をしています。

文明開化以降、こうした思考形態は知識人よりも民間に多く残りましたから、一代で身を起こした、たたき上げの経営者には、保科正之や松平定信のように応用をきかす人物が多く、定期的に「日本型」と呼ばれる特徴的な企業体質や経営手法が登場するのです。

そうした朱子学的伝統が、日本の特徴的な近代化を支えていたことを考えると、「人間性と能力は比例する」と言い切って古典教育を徹底し、仕事や生活における課題設定と問題解決を自分で考えさせる、「格物致知」「修己治人」を促した方が、現代日本の停滞感を払拭する世界観や施策を生み出す人材を作れるかもしれません。

【この章のまとめ】

◎世界は理と気によってできており、気を限りなく理に接近させることで、世界は安定する。

◎人間は性と情によって存在しており、情を限りなく性に接近させることで、気を理に接近させることができる。

◎理も性も無限に追求されるものであり、その努力の過程がそのまま社会や人生の安定を実現する。

第7章

なぜ未来は明るいのか——陽明学とは何か

人類の歴史において、永遠に持続した体制は存在せず、まるで新陳代謝のように、たえまない変化を続けてきました。**体制の変化には、それを裏づける思想の変化が存在します。**封建制の確立には礼が、諸侯国の拡大には功利が存在していたように、体制と思想とは常に表裏一体の関係にあるのです。こうした思想は常に政治的な要請、つまり人々を特定の方向でまとめようとする意思によって誕生していますから、本来であればじっくりと人の生き方や世界のありようを考える思想は、人々を特定の思考や行動にしばりつけるイデオロギーに収束します。それを自覚的に行うことで、中国には大帝国が誕生しました。それだけに人々は政治によって物の見方や感じ方を決められ、また生活を左右されることになるのです。

この構図は、現代日本でも通用します。つまり、政治が特定のイデオロギーにもとづく体制を作り、規範を定めることで、人々は生き方や生活を決められます。資本主義社会に生まれれば、否が応でも利潤を追求することが至上命題となり、学校に行くのは就職するため、就職するのは給料をもらうためで、要するに多くの生涯収入を得るために役立つことが、学校や職業の価値を決定していきます。また、自由主義社会に生まれれば、個人の権利を限りなく拡大するために、たえまなく自己主張することが奨励され、他とは異なる

「自分探し」の旅に出ることとなります。そして、民主主義社会に生まれれば、なんであろうが多数決で決まったことには、従順に従うことが美徳とされ、より多くの人とつながることで、集団の意思決定に参加することが求められます。そうしたことが規範として語られることで、人々は見るべきもの、感じるべきこと、行動すべき進路、目指すべき理想を無意識に決定されてしまうのです。

そして、既存の体制やイデオロギーで対処不能な問題が一定の水準を超えると、規範にゆらぎが生じて社会は動揺をはじめ、ゆっくりと後退していきます。やがて偶発的な事件を引き金に、1つの時代が終わり、そこに生きる人々を押し流してしまいます。

これまで見てきた中国の歴史には、多くの体制やイデオロギー、規範が存在し、それらは治乱興亡と共に変化していきました。つまり、現代日本の体制やイデオロギー、規範もまた、永遠に続くことはなく、将来的に大きく変化していくであろうことが予想されます。本書ではそうした変動の表れとして、主に格差拡大を取り上げていますが、その他に少子化や地方の衰退など、既にこの兆候は目に見える形で出現しているように思われます。

そうした時に、体制を支えるイデオロギーと規範を教育された我々は、その変化に対処できず、体制と共に消えゆく運命なのでしょうか。中国思想はこの問題にも答えを用意していました。早速見ていきましょう。

1　思想が世界を変える――不世出の思想家将軍

受験エリートの天国

支配的な体制やイデオロギー、規範の中にあって、永遠に追求される理を設定することで、それを批判的に受容していく朱子学は、個の確立と規範の改良に大きく寄与しました。

しかし、朱子学が国教化されると、真逆の流れが生まれます。国家が朱子学を囲い込み、科挙の基準を朱子学にした結果、既存の規範を理として絶対化するイデオロギーに変質し、むしろ「個」を限りなく抑圧したのです。**国家や親に対する絶対服従や、奴隷制に近しい男女差別など、近代以降よく見られる朱子学批判は、主にこの方面をクローズアップしたもの**になります。

このような傾向は、元の支配を脱して百年ぶりに誕生した、漢民族王朝の明《みん》（1368～1644）が、強固な皇帝独裁体制を打ち立て、『四書大全《ししょたいぜん》』『性理大全《せいりたいぜん》』『五経大全《ごきょうたいぜん》』

といった、国定の朱子学教本を編纂したことに伴って、ますます強まりました。士大夫は国家の定める朱子学の解釈をただ暗記するだけで、批判的な思考力を失っていきました。中央のみならず地方でも、官界から離れている士大夫や、士大夫予備軍の受験生（地主の子弟が多数を占める）にまで免税特権が与えられると、彼らは地方に居住して「郷紳《きょうしん》」と呼ばれる有力者になります。この当時は農村にも商品経済が浸透していたことから、郷紳たちは農村に住む人々と従属的な取引関係を構築することで、社会の調和的発展を阻害しました。都市部においても富裕な士大夫層や、それと結びついた大資本によって、政治、経済、文化の独占が行われ、大多数の中間層は圧迫されて貧困化することになります。

社会の全領域を支配した士大夫層の一部は、皇帝独裁体制の抑圧でたまったストレスへの反動として、資本を蕩尽して贅の限りを尽くし、個人的な欲望を限りなく追求します。本来であれば、朱子学的教養によって強い使命感を持ち、社会全体の調和を考えるはずの士大夫たちの幾人もが、朱子学のイデオロギー化によってそうした思考を失い、彼らの出世欲や保身を刺激することで、皇帝は支配権を確固たるものにしました。

その結果、**経済的不安を常に抱え、教育水準が著しく低い大多数の国民による、治安の悪化と反乱の勃発、そして反社会的な新興宗教の誕生が、慢性的に存在する地獄を生み出**

してしまいます。明は世界に冠たる経済成長と、それに伴う絢爛豪華な文化を誇りましたが、それはこうした皇帝独裁制に伴う、歪な超格差社会によって生まれた繁栄でした。そこに現れたのが王守仁《おうしゅじん》（１４７２〜１５２８）です。こちらも朱子と同じく「王陽明《おうようめい》」の方が人口に膾炙していますから、以降、王陽明とします。

偉大さへの欲求と挫折

王陽明は、28歳で科挙に合格するほどの秀才でしたが、幼い頃から偉大な人間になることを夢見ており、それが学問によって聖人を目指すのか、将軍として戦功を挙げるのか、はたまた優れた文学作品を残すことなのか決まらず、のちに「陽明五溺《ようめいごでき》」と呼ばれる「任侠、騎射《きしゃ》（戦術）、辞章《じしょう》（文学）、神仙（道教）、仏氏（仏教）」に没頭しながら、延々と悩んでいました。特に騎射は、万里の長城を出て北方異民族に接触して習得し、辞章では当時のサロンで高く評価される作品を生み出しましたから、没頭すると極めるところまで追求する性格だったようです。また、任侠に進もうとしたり、道教や仏教にはまって世捨て人になろうとしたりした時期もあったことから、人の苦しみに対する強い共感性とアップダウンの激しい人物であったことが分かります。

そんな陽明が聖人を志して朱子学を学んだのですから、その努力は並のものではなく、徹底的な読書によって「格物致知」を進め、その副産物として科挙に合格してしまったという具合でした。

しかし、この性格が朱子学に対する挫折を生んでしまいます。本来であれば読書を通じた理の追求によって、身の回りの人や物事に批判的に接していく朱子学では、居敬とあいまって理に限りなく接近し、みずからをとりまく万物との適正な関係が創造されていくはずです。ただ、理が固定化された「官製朱子学」では、読書によって既存の規範を叩き込まれるだけですから、いくら読書を進め、身の回りの人や物事に接したところで、心は常に抑圧され、言動は常にパターン化せざるを得ないのです。ここにおいて、鋭敏な共感性と激しい感情を持つ陽明は、官製朱子学の持つ非人間性と非創造性に耐え切れなくなり、自分には学力がなく、聖人にはなれないと絶望してしまいます。

そうした絶望を抱えつつも、官僚として着実に業務をこなしていた陽明でしたが、この頃、権力をほしいままにしていた宦官を弾劾した官僚たちが、逆に罪に問われるという事件が起こりました。義憤にかられた陽明は、官僚たちを擁護する上奏文を提出し、同じく罪に問われて流罪となります。こうして陽明は、思想とキャリアの2つとも挫折してしまったのでした。

流罪先は人々が穴居生活をするような南方未開の地で、まともな生活環境すら整っていませんでした。これより前、陽明は肺病を患っており、終生苦しめられることになるのですが、南方特有の湿度と温度はこの苦しみに拍車をかけることとなります。精神的に追い詰められた従者たちが相次いで病に伏す中、陽明もまた疲弊の極にありましたが、彼らのために薪を切り、水を汲み、食事の世話をしたり、故郷の歌を歌って慰めたりと、懸命に看病しました。そんなある日の夜、「聖人がここにいたとして、他にどんなことができただろう」と考えていると、「格物致知」についてぱっと閃くものがあり、ついに陽明学の基本的な考えとなる「心即理《しんそくり》」を悟ったのでした。かくして陽明は官製朱子学から独立し、「陽明学」を展開することとなります。

英雄になった思想家

宦官が失脚すると、陽明はようやく流罪を解かれて復帰し、官僚業務と並行して、講学活動を開始します。

そのような中、赴任先で盗賊反乱が勃発したため、陽明は権限内で集められるわずかな治安部隊を組織し、これを討伐します。盗賊といっても、住むところを失った流民を吸収しつつ、中国南方の各地に網の目のように町を作り、互いに連携しながら反乱を起こしていましたから、一国の軍隊に匹敵する規模を誇っています。要するに南方全域にまたがる反乱鎮圧が必要になったのですが、陽明は若い頃の軍事研究を活用し、これを全て鎮圧しました。結果、戦後処理も含めた、中国南東部の一元的な行政支配が必要となり、陽明は該当地域を全面委任されます。しかし、いざ行政をはじめようとした正にその時、今度はその南東部で皇族が叛旗を翻し、30万と号する大軍と大艦隊を率いて北上を開始し、首都北京の制圧と帝位簒奪を狙いました。皇族の反乱は入念な朝廷工作を行った上で起こされたため、官僚たちは日和見を決め込んで沈黙し、政府は意思決定が不能となって、その機能を停止します。

出先でこのことを知った陽明は、独断で全国へ檄文を飛ばして「勤王の義兵」を募り、重火器、小火器、火薬、快速舟艇をかき集め、集まった3万の兵を率いて反乱軍を急追し、決戦を挑みました。この戦いは10倍の戦力差という絶望的なものでしたが、大軍にものを言わせて平押ししてくる敵に対し、陽明は山上に配備した大砲と、前衛に配備した小銃によって敵の鼻先に火力を集中し、少ない手持ちの兵力をさらに分割して、全方位から高速機動で敵中に浸透して襲撃をかけ続けます。そして、嫌気がさした敵が陸路をあきらめて次々に軍艦に乗り込み、水上に移動したところを見極めると、やはり砲兵隊の火力を敵艦隊の鼻先に集中して機動を阻み、快速舟艇を突撃させて油をぶちまけ火を放ち、総斬り込みを仕掛けました。この間、陽明軍は決死の反撃を何度も受けて押しまくられ、上級将校ですら髭は焼け焦げ、満身に刀創を受けるほどの被害を出したものの、陽明は司令部の後退を許さずに督戦を続け、燃えさかる軍艦に敵兵を押し込み、次々に焼死、溺死させています。かくして混乱を極めた敵は完全に壊滅し、反乱阻止に成功したのでした。

こうして中国南東部を平定した陽明ですが、彼は反乱が多発する原因が、貧困化して教育すらまともに受けられない国民を生む、明の支配体制にこそあると考えました。そこで委任された行政権をフルに行使して、各地の農村や都市を産業別に特化再編し、流通ルートを整備するための道路や運河、橋などを建設する、大規模公共事業を推進しました。また、政府の専売権を解放するなどして市場を刺激し、公金を民間にありったけ吐き出して、仕事や宅地を分配し、流民を定住させます。そして、戸籍整備を進めて町会を組織させ、「郷約《きょうやく》」と言われる地域の規範を定め、「保甲法」（第4章参照）を実施して村ごとの自衛組織を整え、国民が自律的に社会を作る仕組みを作りました。さらに学校を建設して公教育を施し、児童の性質をいかした「訓蒙大意《くんもうたいい》」という教育法を開発しました。中でも、全国民に仕事を与える政策は綿密を極め、やむなく盗賊化していた流民をことごとく回収していきました。

陽明による怒濤の改革の結果、国民所得が上昇すると共に、税収と治安、教育レベルが向上し、自治的な共同体が広域で連携する体制が整います。こうして、陽明が統治した地域は、それまでは最も危険な地域の1つだったのが、明が滅亡するまで最も安定した地域として知られることとなったのでした。

陽明自身はこの功業をさほど誇るべきものとは考えず、むしろ工夫の副産物に過ぎないと言っています。つまり、陽明は思想において官製朱子学から独立することで、社会においても明の支配体制を批判的に改革し、百戦無敗の戦績と、調和社会を作り上げることに成功したのでした。一度挫折した思想とキャリアは、ここに復活を遂げたのです。

2　偉大な人間になる方法――「心即理」「知行合一」「致良知」

正解は心が知っている

陽明の成功は、「心即理」を基盤とした思想によって、既存の「常識」を批判的に考える力をつけていたことに要因があります。ここでその内容を詳しく見てみましょう。

まず、心即理を悟った時系列として、従者の看病に一生懸命になっていたある夜、「聖人がここにいたとして、他にどんなことができただろう」と考えていると、「格物致知」について閃いた、という流れになっています。したがって、心即理とは、格物致知に関する考えであることが分かります。官製朱子学の格物致知は、前述の通り、規範になりきることを求めていましたから、いくら読書をしても、創造的な思考はできません。

これに対し陽明は、目の前で苦しむ従者をなんとかして救おうと強く望むこと（倫理的欲求）で、合理的な看病方法（物理）を自然と判断し、彼らを助けること（倫理）に成功しました。この場合、倫理は既存の規範ではなく、その状況に最も適した言動になります。

つまり、**人間は心が切実であるほど、その言動によって理を創造できる、すなわち「心即**

理」ということに陽明は気づいたのです。

この気づきを格物致知に適用すると、「格物」とは「物事（物）に対して切実に向き合う（格）こと」となり、「致知」とは「切実な心が持つ合理的判断力（知）を最大限に発揮する（致）こと」になります。したがって、**倫理的な心を切実にすることで、合理的な判断を導き出すことが格物致知**になる訳です。

これは一見すると、読書に関係なく、直感で判断することを説いているように見えますが、全くそうではありません。むしろ、目の前で困っている人を本気で助けたいと思った場合、人間はいい加減なことを考えたり、行ったりすることはなく、真剣に合理的な方法を探そうとします。その際、調べたり学んだりする方が、一から考えるよりも遥かに効率的なのであれば、全力で調査、学習するはずであって、自己流の判断それ自体にこだわることはありません。この時はじめて、学問は真剣に行われ、純粋に追究されるのですから、読書は物事に対して切実に向き合って（格物）合理的な判断力を発揮する（致知）中に、手段として含みこまれているのであって、それ自体を否定してはいません。すなわち、周囲の人と適切な関係を築きたいという倫理的な欲求が切実になって、はじめて学問は血肉となって吸収され、社会にとって必要な知恵を創造する、ということを、陽明は悟ったのです。

判断力を養う

倫理の有無に限らず、欲求によって切実となった心が、合理的な判断を導き出すことは、そもそも人間の持つ本質的能力であるとされます。それを説いたのが、「知行合一《ちこうごういつ》」です。**知行合一は、陽明学でも最も誤解されている言葉**であり、「知ったことは行え」という行動主義的な意味だと思われがちです。しかし、実際には「知覚と行為は一致している」という意味であって、とにかく意識的に行動しろという意味は、どこにも存在しません。

これはどういうことかというと、たとえば我々は、興味関心のない物や人を記憶していることはない一方、興味関心を持つものが目の前に現れると、すかさずそれを知覚します。この時、人間は全体の中から、自分の興味関心に従って、知覚する対象を選択しています。その興味関心が欲求のレベルまで切実なものであれば、知覚に連動してタイムラグなくそれにアプローチする行動を起こします。このように知覚と行為は一致する、すなわち知行合一なのです。

これは人間が自然状態で行っていることであり、お腹がすいたと切実に思っている時は、食材や飲食店を知覚し、より美味しいものを食べようと考えて動きます。資格を得たいと切実に思っている時は、書店やネット情報を知覚し、より効率的な勉強方法を調べようと考えて動きます。

こういう人はいきおい美味しい食事にありつき、資格を取る可能性が上がるでしょうから、切実な欲求は知覚と行為を一致させるだけでなく、その中に合理的判断と的確な対処を含んでいることになります。逆に、そうした欲求のない時は、そもそも知覚がはたらきませんから、何らの行動も起こさず、いやいや動いてみても、なんの結果も得られません。

しかしながら、いくら切実な欲求があったところで、常に最も合理的な判断ができる訳でもありません。我々は、純粋な気持ちで動いたつもりでも、とんでもないお店を選んでしまったり、勉強の成果が出なかったりすることはざらにあります。

これに対し陽明は、それはちょうど旅に出るようなもので、目的地さえはっきりし、絶対に行きたいと思えば、どのルートをとっても必ず行き着くようなもので、個別の失敗は問題にならないと言います。これは、切実な欲求を持った人は、トライアンドエラー（試行錯誤）をくり返す中で、ちょうど金融資産が複利曲線を描いて増幅するように、知識や経験が加速度的に増幅し、合理的判断を導き出す速度を上げていく、という考え方であり、いわゆる**即断即決で瞬間的に合理的判断を下す人は、知覚からトライアンドエラーを経て、合理的判断までたどりつく速度が、極限まで高められた人**ということになります。したがって、日々の生活において、倫理的な欲求を持って生き続けることが、そのまま工夫になるのです。そして、聖人ですらそうして心を限りなく理に接近させ、合理的な判断力を磨いてきたのであって、この経路以外に人間が向上することはないと言います。

世界の主導権を握る

この理屈にもとづけば、人間が邪悪な欲求を持ち、切実にそれを達成しようと生きれば、より狡猾で凶悪な判断力を身につけることも可能なはずです。そのため陽明は、この欲求を倫理的なものに限定していきます。そこで説かれたのが「致良知《ちりょうち》」です。

知の上に「良（善）」という字がつけられたことからも分かるように、良知とは倫理的な知覚という意味になります。つまり、倫理的欲求のみに心を限定し、倫理的な知覚を「致す（発揮する）」ことで、周囲の人々の気持ちに鋭敏になり、関係を構築していく流れを作ること、これが「致良知（良知を致す）」です。

致良知によって、一日の生活をとりまく物事は、人々とのより良い関わりを作るための材料に変化し、無数に起こる日常の泣き笑いの中で、自然と知識や経験を獲得することとなります。この時、経書はもちろんのこと、政治や経済、軍事や教育の技術的な書物ですら、良知の欲求実現の道具となり、全て倫理的な文脈で運用されることになるのです。読書に限らず、この世界に存在するあらゆるものは、良知に知覚されることではじめて倫理的な意味が与えられ、人々がお互いを支え合う社会を創造するために利用されます。すなわち、世界の全てが良知によって意味づけされるのであり、それはまさしく万物に意味を与え、世界を創造する「天」に他なりませんから、倫理的欲求に満たされた良知は、すなわち天そのものということになります。したがって陽明は、致良知によって天と一体化し、みずからの心を安定させるのみならず、世界を創造する主導権を持つことができると考えたのでした。

また、周囲の人々とより良い関わりを作りたいと望む時、その人の心は倫理的欲求に満たされていますから、その純粋性において聖人と何ら変わるところはありません。聖人と異なる点があるとすれば、聖人が合理的判断を即断即決できるようになっている分、人生のあらゆる時間と資源をフル活用して、多くのことをなしうる能力を持っていることだけです。したがって、**普通の人が気にかけるべきは、常に周囲の人々とより良い関係を作り**

たいという倫理的欲求を持ち続けることだけです。そうすれば、みずからの言動によって、生活の中に理を創造する力が身につきます。

これを『大学』解釈に適用すると、物事に対して切実に向き合う（格物）ことは、合理的判断力を最大限に発揮すること（致知）であり、その意識は倫理的に純粋になっており（誠意）、心は正しい（正心）。そうした人は、言動を通じて理を創造し（修身）、家、国家、世界全体を創造（斉家、治国、平天下）できるようになる、となります。これは朱子学の『大学』解釈が段階的に工夫を進めていくのと異なり、格物、致知、誠意、正心を一本化して、今この瞬間に一気に達成し、その心が知識や経験を積み重ねていくにしたがって、修身、斉家、治国、平天下を達成しようとするものに変質しています。

こうして見ると、知行合一も致良知も、心即理によって説かれた心の創造力を、より詳細に説明した議論であることが分かります。つまり陽明は、心即理を一貫して信じ、倫理的な心の力を極限まで引き出そうとしたのです。

3　未来を切り拓く思想――「事上磨錬」「満街聖人」「抜本塞源論」

やさしくない人生

心はあらゆる物理をその倫理的欲求に応じて運用し、みずからの言動を通じて理を創造します。これに伴い、既存の規範もまた、その影響を受けて弾力的に変革されることを余儀なくされます。政治、経済、軍事、教育における陽明の独創的な成功は、こうした心に対する彼の理解と実践によって創造されたものでした。いわば心即理の正当性は、彼の人生によって証明されたのです。

しかし、個々の心に全面的な信頼を置いた陽明の思想と、その思想にもとづく独創的行動は、皇帝独裁体制とイデオロギーにもとづく規範を築いた明と、それによって特権を得ていた士大夫層にとって、挑戦以外の何物でもありませんでした。このことを敏感に感じた人々は、陽明に対して政治的、思想的な批判を激しく浴びせかけることとなります。もっと単純に陽明の功績を妬んだ人々は、陽明が独断で反乱軍討伐を行ったことを問題にし、ついには、陽明が機に乗じて天下を取ろうとしたと訴え出ることとなります。

こうして陽明は功績を認められるどころか、大逆罪に問われることとなり、投獄の末、処刑される一歩手前まで追い込まれます。陽明を追い詰めるために弟子が拷問にかけられ、虚偽の自白を拒んで死んでいくにつけ、さすがの陽明も心即理を信じることが難しくなり、徹底的に悩みますが、落ち込むところまで落ち込むと、逆に堂々と所信を述べはじめます。すると、これまで水面下で陽明を守ろうと動いていた、官僚や宦官の工作とうまくかみあって、晴れて冤罪を免れることとなりました。一転して栄誉にあずかった陽明ですが、彼は反乱討伐に参加した全ての将兵に恩典が下されなければ、一切の恩賞を辞退すると言って虚栄を拒み、部下や弟子、末端の将兵、それらの家族の名誉回復や生活再建に奔走しました。

その後も、南京兵部尚書《なんきんへいぶしょうしょ》（陸軍大臣）に昇進したり、病身の中、無理な遠征をさせられたりと、波乱に満ちた人生を送った陽明ですが、重篤な肺病をおして遠征に勝利した後、喀血が止まらずに倒れ、故郷へ帰る途中で命を落とすこととなります。最期の言葉を求められると「**我が心は一点の曇りもなく光り輝いている。何も言い残すことはない**」と言いました。これは、心の倫理的欲求にもとづいて生き抜き、人生を後悔なく作り上げ、世のため人のためにやれることは全部やったということであり、**理不尽な人事や、重篤な病気**

といった外的な要因は、我が心を屈服させることはできないという、ある種の勝利宣言です。

文芸評論家の小林秀雄（1902〜1983）は「敏感で利口な人には、人生がやさしかったことなど、一度もありません」という言葉を残していますが、陽明も「山に巣くう盗賊を破るのはたやすいが、心に巣くう私欲を打ち破ることは困難だ」と言っています。両者に共通するのは、**規格化された人生に言葉と感性が陳腐化し、心が歪んでしまう苦しみ**です。こうした人生のありようをまるごと思想に組み込み、心を最大限に強化して打ち克ち、徹底的に自律しようとしたのが王陽明であり、偉大さはこの格闘によってはじめて実現したのです。

世界は聖人であふれている

「百死千難《ひゃくしせんなん》」と言われた人生によって、激しい性格を円熟させ、強靭な「個」を確立した陽明は、その工夫を、金属が高温で熱されて何度も叩かれ、はじめて精錬される様子にたとえます。生活をまるごと工夫にしていく「事上磨錬《じじょうまれん》（日々の出来事によって鍛え上げていく）」こそが、「個」の確立を達成するのです。一見すると極めて困難なことに思えますが、実は全ての人がそれを無自覚に行っています。

陽明は街に行った際、そこで暮らす人々を指しながら、「街は聖人でいっぱいではないか（満街聖人《まんがいせいじん》）」と弟子たちに言います。それは、彼らが仕事に精を出し、お互いに助け合いながら生活を作る様子が、理を追求する行為に他ならなかったからです。人々の生活には、経済的な苦しみや、人間関係の辛さがたくさんあるはずです。しかし、彼らはそれでも家族や友人を心にかけ、より良い生活を求めて努力しています。この当たり前の生活こそが、「個」と社会を強靱なものに華開かせていくのです。したがって陽明は、どのような人であれ、しみじみとその仕事と生活を愛し、敬意をもって接しました。この社会で営まれる仕事や生活は、等しく尊いものであり、事業規模は量的な差異に過ぎませんから、全く問題になりません。これを陽明は「聖人を金にたとえれば、その事業規模は重量で比較できるが、その純度はいずれも同じである。金の本質は純度にあるのであって、重量を問題にするのは既に本質を見誤っている」と表現します。

この世界観をまとめたのが「抜本塞源論《ばっぽんそくげんろん》」です。この世界は人と人とが互いを思いやり、それぞれが仕事と生活を通じて支え合う、倫理的な社会が存在し、それは人に生まれつき備わっている心（良知《りょうち》）によって作られています。しかし、本来であればそうした社会を作るための道具である、金銭や地位、知識や能力といった「外物《がいぶつ》」に心がとらわれると、差別や独占が起こって断絶が生まれ、人間が物質に隷属する「功利」社会になります。

この違いが生まれるのは、ひとえに良知を保っているか、外物にとらわれて良知を見失っているかによるのであり、これまでの歴史は、功利に走った人々による富や権力の奪い合いに過ぎず、学問もまた生活から遊離して机上の空論をもてあそび、外物に心をとらわれて、社会を破壊し続けてきました。したがって古代の聖王から孔子、孟子へと続く思想家たちの教えは、全て心の倫理的欲求をかきたてることを説き、経書もまた、全ての人に備わる倫理的な心を指し示したものとして残されたのであって、今こそ人々は「個」を確立して生活を再建し、それぞれの仕事や立場を通して社会を網の目にように組み上げていくことが必要であるとします。陽明は、外物に心をとらわれることが全ての不幸の根本、根源であることにフォーカスし、それを良知によって克服する（抜本塞源）ことで、人と社会ははじめて仕事と生活を通じてつながり、真の調和を達成できると説きました。

陽明にとって、反乱鎮圧と行政改革を達成したことは、従者を必死になって助けた時となんら変わらず、そこには一貫して倫理的な欲求と知覚、行動が存在しただけでした。これを「抜本塞源論」にまで押し広げ、人の生き方、社会のありように当てはめた時、そこには人々の心の安定と社会の調和が同時的に達成されるという、陽明特有の「万物一体の仁」が現れるのです。

国民性になった中国思想

心を限りなく理に接近させていく朱子学と、心から理を創造していく陽明学とでは、理論構造において相反しますが、結局のところ、社会を調和させる基盤を心に置いている点で、両者は兄弟の関係にあります。また、陽明は朱子のように経書を全て再解釈せず、あくまで朱子学の論理構造の範疇で議論を展開しています。

ただ、あくまでも為政者たる皇帝や士大夫に、社会を調和する主体を限定した朱子学に対し、陽明学が庶民にまで主体を拡げたことは、大きな相違と言えるでしょう。

また、陽明学は、経書ですらも心の倫理的欲求をかきたて、外物にとらわれた心を解放するための道具だと考えますから、理はあくまでも心にあるのであって、1人1人の生き方に、たえまなく創造されてくるものとなるのです。この徹底して個別性の強い思想は、ともすれば規範を軽々と飛び越えて、無秩序な社会を生む危険性がありますし、事実、中国の「陽明学者」にはそうした欲望解放を唱える一派が社会を混乱させました。

しかし、陽明が敢えて「良知」と言ったように、この思想が機能するためには、倫理を人間の本能的欲求だと考えなければなりません。すなわち、「親子間の親愛、君臣間の正義、夫婦間のけじめ、年齢差の序列、友人間の信頼」が実現し、調和した空間に安心して生きることこそが、人間の本質的な欲求なのです。この点、陽明はむしろ生活における倫理の価値を重視したのであって、**現代のようにあらゆる価値を相対化して「個人」の欲望解放を実現しようとする潮流とは、対決する思想**となるはずです。

王陽明のそうした意図をよく理解したのは日本の陽明学者でした。中江藤樹《なかえとうじゅ》（1608〜1648）は郷里の近江《おうみ》（滋賀県）小川村《おがわむら》に居住し、仕官の誘いを全て断って無位無官で通しましたが、生活を通じて人々を感化し、もともと気性の荒い地域であった小川村を、お互いを支え合う穏やかな村へと変えたことから、「近江聖人」と呼ばれました。中根東里《なかねとうり》（1694〜1765）は一町人として生を終えましたが、誰でも理解できる言葉で陽明学を解説し、人生に絶望した多くの人生を救い出しました。これは、従者を必死で看病した時の陽明を、ストレートに反映した例になります。

藤樹の弟子にあたる熊沢蕃山《くまざわばんざん》（1619〜1691）は、岡山藩の行政改革に手腕を発揮したことで、希代の政策通として名を馳せた他、自然環境と産業、農村と都市、政治と軍事、教育と経済が有機的につながり、日本全体が1つの身体のように機能するような国土開発構想を提示したことから、当時の大政治家であった朱子学者、新井白石《あらいはくせき》（1657〜1725）と並び称され、その政策理念は江戸時代を通じてモデルとされました。幕末になると、破産寸前だった備中松山藩《びっちゅうまつやまはん》（岡山県）の財政を再建し、産業の整備や教育の拡充、そして洋式軍備を整えて、幕政顧問としても活躍した山田方谷《やまだほうこく》（1805〜1877）なども登場します。こちらは反乱討伐や行政改革によって、社会の調和を実現した時の陽明を反映した例になります。

彼らはいずれも心の安定と社会の調和を同時的に実現する、陽明流の「万物一体の仁」を目指したのです。

朱子学と陽明学は、日本では共存関係にあり、思想家たちは相互に出入りすることで社会を作り上げていきました。「個」を確立した先には、お互いを尊重した距離感のある共存社会が実現されると信じ、彼らは社会のあらゆる階層で生き続けました。その結果、江戸時代には多くの矛盾や不公正、飢饉や恐慌がありましたが、一方で政治家から庶民に至るまで、皆がそれぞれの仕事や生活に勤勉に取り組むことで乗り越え、世界でも類を見ないほどの高い教育水準とモラルを持ち、ゆるやかにつながる社会を生むこととなります。

人々が仕事や生活を通じ、1つの社会を役割分担によって作り上げようとする考えは、「職分論《しょくぶんろん》」と言われ、それは日本人の国民性になるまで浸透しました。

この国民性は、その後、明治維新や第2次世界大戦の敗北といった、体制が崩壊した時にも社会を力強く支えました。現代は特定のイデオロギーによってモデル化され、果てしなく自己主張と欲望解放を求める「個人」を作ろうと、あらゆる規範や価値を相対化することがある種の規範となっていますし、高度に理論化された経済イデオロギーによって富が一部に集中し、中間層が圧縮されて格差社会が形成されようとしています。この潮流は「個」の確立と対極にあり、そうした意味で日本は本質的な危機に陥っているということも可能です。

しかし、孔子から孟子、朱子、王陽明と続いて「個」の確立を説いた中国思想は、そうしたイデオロギーにもとづく規範を批判的に受け止める武器として、今もなお日本人の生活の中に隠然たる影響力を持っています。つまり、日本人それぞれの生活の中に、現代を批判的に受け止めつつ弾力的に変革し、「万物一体」の社会を創造する、明るい未来の種は存在しているのであって、それは中国思想が必要条件として提示した、中間層の経済的安定を目指す政策とリンクしつつ、慈雨にあって荒野に草木が芽吹くように、近い時代にまた立ち現れてくるものだと信じています。

【この章のまとめ】

◎倫理的欲求は知覚と行為を発生させ、それは合理的判断を備えている。

◎心が倫理的欲求に満たされることで、身の回りの社会に理を創造することができる。

◎人々が日々の生活をひたむきに生きることが、そのまま工夫であり、それは心の安定と社会の調和を同時的に実現する。

おわりに――中国思想が指し示す未来

「個」の確立と生活によって社会を作り出していく。こうして書くと、至極当たり前のことを言っているように見えます。しかし、それがいかに難しいことかは、本書をご覧になった方々には、既に理解されているのではないかと思います。社会に根づいている価値観には、大なり小なりイデオロギーと規範が反映されており、人はその影響を受けて物を見たり考えたりしているものです。

そして、それが我々の人生を動かす時、我々は自分で選択したはずなのに、ぼんやりとした不安を抱え、ふとしたきっかけで人生を俯瞰して、果たしてこれで良かったのか、と考える時があります。これは自分自身と向き合う行為です。

自分自身と向き合うということは、結局は自分の物の見え方、感じ方を捉え直すということになります。なにやら難しいことに見えますが、我々はそれを自然状態で行っていて、たとえば子供の頃に夢中になった遊びや、どうしても許せずに行った喧嘩など、今となってはほとんど執着しなくなったものに対し、どうしてそんなにこだわったのか考えた時、人は当時の自分の物の見え方、感じ方、そして社会の流行を冷静に受け止め、それが変化していった様子を観察しています。

もしもこれを、現在の自分に対して行うことができれば、感情のふれや視野の狭さから解き放たれるはずであり、後悔する回数はぐっと減るでしょう。

こうして**「個」を確立して生きようとした瞬間、どのような人でも「思想家」となります**。つまり、**思想とは「人生の主導権を握る」行為**であり、そこには本質的に、知識や年齢、職業は関係しません。

思想が人生の主導権を獲得しようとする行為である限り、人が思想に関心を持つということは、その思想を自分に引きつけて判断しようとする行為に他なりません。たとえば『論語』を読んで孔子の言葉を理解しようとする場合、多くの人はそこに自分の経験や考えをぶつけ、孔子の言葉に賛同したり、否定したりして、みずからの生き方を決定しているのです。

これは、思想を当時のまま整理、保存することが仕事であって、自分に引きつけることを許さない学術研究とは対極的にある立場です。しかし、彼らの人生に思想が根づいた時、はじめて思想は生命力を取り戻し、彼らの人生に社会を動かすダイナミズムを吹き込みます。歴史上の思想家が、時に政治家として、時に軍人として、時に教育者として、時に市井の民として、それぞれに社会を動かしたのは、正しくこのダイナミズムによるのであり、彼らの思想理解が学術的に正確であるかどうかは、この場合、ほとんど問題にならず、むしろ新しい思想として、後世に残ります。

中国思想、なかんずく孔子、孟子、朱子、王陽明らは、「個」の確立と、生活を通じた社会の調和を目指してきましたから、「個」は現実の「君子」や「士大夫」に投影され、そして全人類に期待されるようになりました。また、江戸時代の日本において、それは最初「武士」に投影され、やがて日本人全体に期待されることとなります。

現実の人間に理想を見ようとする時、そこには失望や偽善が待ち受けています。しかし、**それこそが他者に期待せず、唯一恃《たの》むべきは自分自身であることを、否が応でも自覚させます。**

中国思想とは関わりありませんが、20世紀を代表する「生」の哲学者として高名なベルクソン（1859〜1941）の薫陶を受け、みずからもまた『剣《つるぎ》の刃《やいば》』や『希望の回想』

といった思想的著作を残した、フランス陸軍准将にして、フランス第五共和制初代大統領でもあったシャルル・ド・ゴール（1890〜1970）は、このことを純粋なまでに体現しました。

ド・ゴールは祖国フランスを、高潔な倫理観を持ち、全ての分野で世界をリードする人格とみなしました。しかし、フランスはさまざまなフランス人によって構成されている、という当たり前の現実に失望し、みずから「フランス」になりきろうとします。そして、「フランス」を追求する具体的行動として、第2次世界大戦期にはナチスドイツに抵抗し、戦後になるとアメリカ主導の戦後体制に抵抗し、国家反逆罪に問われ、政党政治家の轟々たる非難を浴び、あるいは31回にのぼる暗殺未遂に遭難し、学生運動の標的にされながらも、パリをドイツから解放し、第五共和制を打ち立て、国連常任理事国の一角に食い込み、産業構造の転換を達成しました。ド・ゴールは、「フランス」に全てを捧げ、身体的欲求や好悪といった「個人」を消し去りましたが、むしろここには強烈な「個」が刻印されています。

ド・ゴールが「個」を表せば表すほど、支持と非難は増幅しましたが、彼は如何なる非難にも「問題がないのは死人だけだ」と吐き捨て、さらに「個」を磨き、時代を牽引したのでした。

これは西洋哲学が1人の人間の思想に落とし込まれ、人生と社会を変えるダイナミズムを与えた例になりますが、このように極端な例でなくても、みずからが理想的な「士大夫」や「武士」になろうと生きた人々の「個」によって、中国や日本は発展してきました。また、我々一般人の中には、やはり仕事や生活に思想を持ち、人生や社会を作り上げている、多くの偉大な人が存在しています。そして、そのような人になりたいと、一生懸命に生きている、多くの「思想家」がいるのです。

皆さんが、みずからの人生や、日々の生活に思いを致す中で、本書で登場した思想が素材となって「個」を確立し、新しい生活や仕事を創造することがあれば、中国思想はその本来の役割を全うし、日本国にもまたダイナミズムが吹き込まれるでしょう。そうした橋渡しこそが、本書最大の狙いです。


このような仕事は、かねて学術研究とは別に挑戦してみたいと思っていたのですが、なかなか機会に恵まれませんでした。そんな中、東洋経済新報社の渡辺智顕さんから、中国思想を現代人向けに解説してみないかとお声がけがあり、本書執筆においても多大なご助言、ご教示を頂いたことで、ようやく夢が叶いました。
渡辺さんのご厚意を無下にしないためにも、本書がさまざまな人に読まれ、多くの種をまくことができればと願っています。

2023年8月

大場　一央

【著者紹介】
大場一央（おおば　かずお）
中国思想・日本思想研究者、早稲田大学非常勤講師。
1979年、札幌市生まれ。早稲田大学教育学部教育学科教育学専修卒業。早稲田大学大学院文学研究科東洋哲学専攻博士後期課程単位取得退学。博士（文学）。現在、早稲田大学、明治大学、国士舘大学などで非常勤講師を務める。専門は王陽明研究を中心とする中国近世思想、水戸学研究を中心とする日本近世思想。著書に『心即理——王陽明前期思想の研究』（汲古書院）、『近代日本の学術と陽明学』（共著、長久出版社）などがある。

武器としての「中国思想」
2023年10月10日発行

著　者——大場一央
発行者——田北浩章
発行所——東洋経済新報社
〒103-8345　東京都中央区日本橋本石町 1-2-1
電話＝東洋経済コールセンター　03(6386)1040
https://toyokeizai.net/

装　丁…………秦　浩司
帯写真…………長屋めぐみ
ＤＴＰ…………アイランドコレクション
印　刷…………港北メディアサービス
製　本…………積信堂
編集協力………パプリカ商店
編集担当………渡辺智顕

Printed in Japan　ISBN 978-4-492-04744-6